Christina Uekötter-Rieke

Aladin & Co: Auf Lesespuren durch die Märchenwelt

3-fach differenziertes Lesetraining
für Klasse 1 und 2 – mit interaktiven PDFs

AF704810

ÜBUNGSMATERIAL
DEUTSCH

Die Umwelt liegt uns am Herzen! Konkret bedeutet das: Wir verwenden ausschließlich recyceltes Papier und vermeiden Plastik, wo es möglich ist. Dieses Produkt wurde aus diesem Grund nicht eingeschweißt. Auch haben wir bei der Herstellung des Umschlags auf eine Cellophan-Schicht verzichtet. Alle in diesem Produkt verwendeten Papiere bestehen zu mindestens 50 % aus Recyclingfasern. Das Inhaltspapier dieses Buches ist gemäß DE-UZ 14a Blauer-Engel-zertifiziert.

FSC www.fsc.org MIX Papier | Fördert gute Waldnutzung FSC® C130643

Wir haben uns für die Schreibweise mit dem Sternchen entschieden, damit sich Frauen, Männer und alle Menschen, die sich anders bezeichnen, gleichermaßen angesprochen fühlen. Aus Gründen der besseren Lesbarkeit für die Schüler*innen verwenden wir in den Kopiervorlagen das generische Maskulinum. Bitte beachten Sie jedoch, dass wir in Fremdtexten anderer Rechtegeber*innen die Schreibweise der Originaltexte belassen mussten.

In diesem Werk sind nach dem MarkenG geschützte Marken und sonstige Kennzeichen für eine bessere Lesbarkeit nicht besonders kenntlich gemacht. Es kann also aus dem Fehlen eines entsprechenden Hinweises nicht geschlossen werden, dass es sich um einen freien Warennamen handelt.

1. Auflage 2024

Autor*innen Christina Uekötter-Rieke
Redaktion Christina Heckl
Covergestaltung Nicole Sandner, Neusäß
Coverillustration Kristina Klotz
Illustrationen Kristina Klotz, Sybille Schreiber
Satz Fotosatz H. Buck, Kumhausen
Druck und Bindung Druckerei Joh. Walch GmbH & Co. KG

ISBN 978-3-7468-**1166**-6
www.lernbiene.de

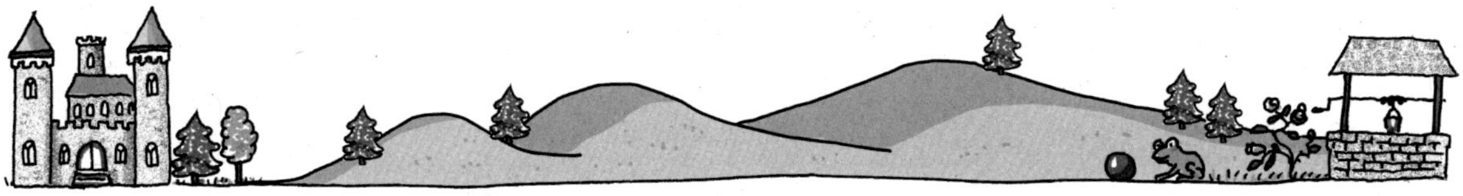

Inhalt

Der Band enthält **digitales Zusatzmaterial** zum **Download**. Die Benutzerhinweise zum Download des Zusatzmaterials und den entsprechenden **Zusatzcode** finden Sie am Ende des Buches.

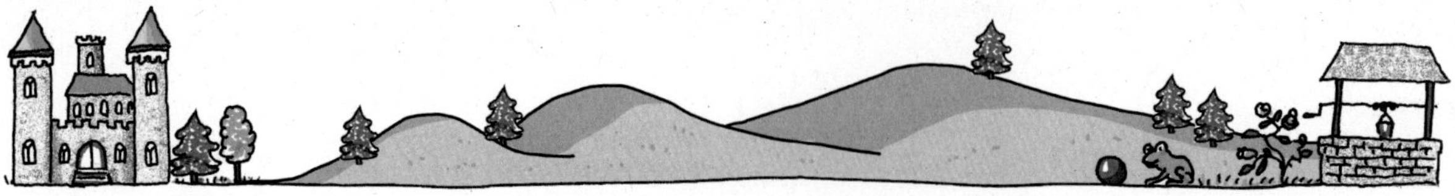

Aladin & Co: Auf Lesespuren durch die Märchenwelt

von Christina Uekötter-Rieke
mit Illustrationen von Kristina Klotz

Dass Leseförderung nicht nur aus sturem Üben bestehen muss, beweisen motivierende Formate wie Lesespurgeschichten. Ähnlich wie bei einer Schnitzeljagd geht es darum, aus dem Gelesenen Informationen zu entnehmen, um an der richtigen Stelle weiterlesen zu können. Das Kind startet bei Nummer 1 und erliest sich Hinweise, die ergeben, wie das Märchen jeweils weitergeht. Die Reihenfolge der Nummern wird als sogenannte Lesespur festgehalten und dient als Kontrolle. Dadurch wird das sinnentnehmende Lesen auf motivierende Weise gefördert.

Das vorliegende Material wurde für die Klassen 1 und 2 entworfen.
Eine Lesespurgeschichte umfasst eine Lesespurlandkarte, einen Wortspeicher, die Texte der Lesespurgeschichten in drei Differenzierungsstufen, ein Blatt mit Zusatzaufgaben sowie die entsprechende Lösung dazu. Die Lesespurlandkarte ist vergleichbar mit einer Schatzkarte, die den Schüler*innen zur Orientierung dient. Ebenso eignet sie sich für Plenumsphasen, da die Karte von Lesenden aller drei Differenzierungsstufen genutzt werden kann. Zur Vorbereitung oder als weitere Begleitung des verwendeten Vokabulars dient der Wortspeicher. Dank der dreifachen Differenzierung findet die gesamte Bandbreite der Lesekompetenz von Schulanfänger*innen Berücksichtigung und alle Kinder können auf ihrem individuellen Niveau arbeiten.

Welcher Text welcher Differenzierungsstufe entspricht, erkennen Sie auf einen Blick an der unterschiedlichen Färbung der Krone in der rechten oberen Ecke. Weiß steht für das einfache, grau für das mittlere und schwarz für das anspruchsvolle Niveau.

Differenzierungsstufe 1 arbeitet auf der Wortebene. Sie bietet sich für Kinder an, die Deutsch als Zweitsprache lernen oder noch alle Kraft und Anstrengung für das Erlesen einzelner Wörter brauchen. Durch die Nominalgruppen lernen sie häufige Adjektive kennen, schulen das Zusammensetzen von Buchstaben zu Wörtern und haben gleichzeitig Anschluss an die Lerngruppe. Sodass auch diese Lerngruppe den Märcheninhalt versteht, bedarf es einer mündlichen Vorentlastung oder einer Nachbesprechung des Märchens durch die Lehrkraft oder durch andere Kinder.

Differenzierungsstufe 2 arbeitet auf der Satzebene. Sie umfasst pro Abschnitt zwei bis vier einfache Sätze. Dieses Niveau richtet sich an die durchschnittliche Lesekompetenz von Schüler*innen am Ende der ersten Klasse bzw. am Anfang der zweiten Klasse.

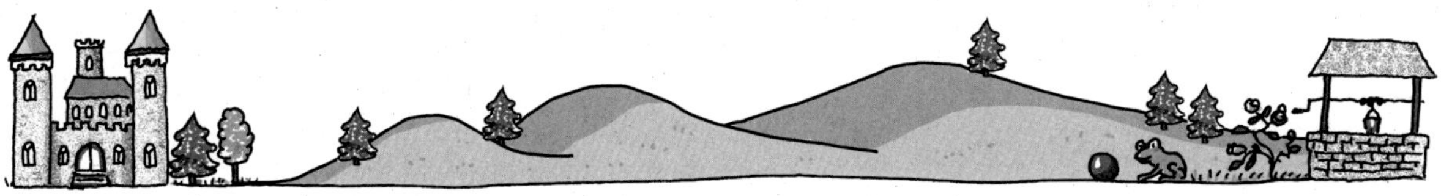

Differenzierungsstufe 3 arbeitet auf der Textebene. Sie umfasst kleine Texte aus komplexeren Sätzen und schwierigeren Wörtern. Der Umfang pro Abschnitt beträgt etwa drei bis sechs Sätze. Diese Differenzierungsstufe richtet sich an starke Leser*innen, um auch diese Gruppe zu fordern und in ihrer Leseentwicklung weiterzubringen.

Die gelesene Geschichte ist die Grundlage für die weiterführenden Aufgaben. Diese sind so gehalten, dass sie in der Regel von Kindern unterschiedlicher Leseniveaus bearbeitet werden können. Das gegenseitige Vorstellen und Vorlesen der Ergebnisse schult die Lesekompetenz und würdigt die Schreibprodukte.

Märchen erfreuen sich großer Beliebtheit und sind fest im Deutschunterricht verankert. Daher bieten sich die Lesespurgeschichten in besonderer Weise als Ergänzung und Element einer Unterrichtsreihe, aber auch für die Freiarbeit an.

Auf der **Lösungsseite** findet sich ein **QR-Code**, über den Sie die **interaktiven PDFs** zu der Lesespurgeschichte downloaden können. So können die Schüler*innen die Lesespurgeschichte auch am Tablet oder PC bearbeiten.

Hinweis zur Schrift

Das Material ist in einer Druckschrift für die Grundschule erstellt worden, damit die Kinder ein für sie gut erkennbares und eindeutiges Schriftbild vorfinden. Die verwendete Schriftart heißt „Auer Schulbuch“. Die Schrift finden Sie zum Download im Zusatzmaterial. Sie wird Ihnen in den Worddateien nur dann angezeigt, wenn Sie sie in Ihrem Schriftenordner installiert haben. Ansonsten werden Ihnen die Übungen in Word automatisch in Ihrer eingestellten Standardschrift angezeigt. Natürlich haben Sie jederzeit die Möglichkeit, die Worddateien anzupassen. Da sie editierbar sind, können Sie das Material nach Belieben in Ihre bevorzugte Schriftart umändern.

Wir wünschen Ihnen viel Freude und Erfolg beim Einsatz des Materials!

Konkrete Hinweise zu den Zusatzaufgaben:

Lesespur: Aladin und die Wunderlampe

Die Kinder setzen sich mit dem Thema Wünsche auseinander. Sie formulieren einen Wunsch für sich selbst, einen Wunsch für ihre Klasse und einen Wunsch für eine Person, die sie gerne mögen. Den Schüler*innen ist freigestellt, ob sie die Wünsche malen oder schreiben. Für Letzteres liefert die Tippkarte passende Satzanfänge.

Lesespur: Aschenputtel

Hier soll ein Tagebucheintrag aus Sicht von Aschenputtel verfasst werden, wodurch die Schreibkompetenz trainiert wird. Die Tippkarte mit Beispielsätzen dient zur Vorentlastung.

Lesespur: Der Froschkönig

Im Suchsel sind Schlüsselbegriffe des Märchens versteckt, die die Kinder finden, markieren und mit dem jeweiligen Artikel darunter aufschreiben sollen. Diese Aufgabe schult die Rechtschreibung in Verbindung mit der richtigen Artikelwahl.

Lesespur: Des Kaisers neue Kleider

Die Kinder entwerfen ein kaiserliches Kleid und einen Anzug, deren besondere Eigenschaften, die sich die Kinder ausdenken, im Anschluss genauer beschrieben werden sollen. Inspirationen für magische Eigenschaften liefert die Tippkarte.
Hier bietet sich auch eine Verbindung zum Kunstunterricht an.

Lesespur: Die Bremer Stadtmusikanten

Die Schüler*innen erfinden, malen und beschreiben Fantasietiere, die Eigenschaften aller Tiere des Märchens besitzen. Das regt die Fantasie an und übt durch das Beschreiben gleichzeitig die Verwendung von treffendem Vokabular. Die Satzbausteine helfen schwächeren Kindern bei der Schreibaufgabe.

Lesespur: Die Prinzessin auf der Erbse

Indem die Schüler*innen das fehlende Wort in den Sätzen ergänzen, wissen sie, welche Wörter in das Kreuzworträtsel eingetragen werden müssen. Dabei wird der Inhalt des Märchens nochmal wiederholt.

Lesespur: Dornröschen

In den Blumen sind wichtige Schlüsselbegriffe des Märchens als Purzelwörter aufgeführt, welche die Schüler*innen dann mit dem richtigen Artikel notieren sollen. Dabei wird die Rechtschreibung der Kinder in Verbindung mit der richtigen Artikelwahl geschult.

Lesespur: Nussknacker und Mausekönig

Die Lese-Mal-Aufgabe, bei welcher der Nussknacker und der Mausekönig passend zu den erlesenen Informationen angemalt werden, kann von schwächeren Leser*innen auch als Zuhör-Mal-Aufgabe gelöst werden, indem beispielsweise Sie als Lehrkraft oder ein Partnerkind dem jeweiligen Kind vorlesen.

Einführung der Lesespurarbeit – Stundenverlauf

Im Folgenden finden Sie einen beispielhaften Stundenverlauf, der Ihnen zeigt, wie Sie in Ihrer Klasse die Arbeit mit den Lesespuren einführen können. Für die erste Lesespurgeschichte sollten Sie eine Doppelstunde mit 90 min einplanen, für die weitere Arbeit reicht in der Regel eine Einzelstunde mit 45 min.

Geförderte Kompetenzen:
Die Schüler*innen trainieren das verstehende Lesen. Indem sie aus einem Text wesentliche Informationen entnehmen, erkennen sie die richtige Reihenfolge der Märchenstationen und halten diese als Lesespur fest.

Phase	Inhalt	Material	Sozialform
Einstieg	Bildimpuls: Die Lesespurlandkarte wird gemeinsam in der Klasse betrachtet. (z. B. in digitaler Form am Smartboard) Wortimpuls: Die Lehrkraft schreibt den Namen des Märchens an die Tafel. → Die Lernenden äußern sich frei dazu. Gemeinsam wiederholt die Klasse den Inhalt des Märchens. Bei unbekannteren Märchen oder mangelndem Vorwissen hilft die Lehrkraft. Zielangabe: Heute erliest du aus einem Märchentext wichtige Hinweise und findest so die richtige Lesespur heraus.	Lesespurlandkarte; Tafel bzw. Smartboard	UG (Kinositz)
Hinführung	Wenn einige Kinder der Klasse geringe Deutschkenntnisse und/oder einen geringen Wortschatz haben, kann es Sinn machen, wichtige Begriffe des Wortspeichers gemeinsam zu wiederholen. (So lassen sich spätere Verwechslungen und Verständnisschwierigkeiten vorbeugen.)	Wortspeicher	UG (Kinositz)
Erarbeitung 1	Die Lehrkraft teilt jedem Kind eine Lesespurlandkarte aus. Damit das Vorgehen für die Kinder verständlich wird, liest die Lerngruppe die ersten Texte gemeinsam. Hierfür bietet sich die Geschichte der Differenzierungsstufe 2 an. Die Lehrkraft legt den Text dafür unter die Dokumentenkamera und notiert die Ziffern der Märchenstationen in der richtigen Reihenfolge.	1 Lesespurlandkarte pro Kind; Lesespurgeschichte (Niveaustufe 2); Dokumentenkamera	UG

Phase	Inhalt	Material	Sozialform
Erarbeitung 2	Die Lehrkraft teilt allen Kindern die Lesespurgeschichte in der passenden Niveaustufe aus. Die Kinder lesen die Texte eigenständig und notieren dabei die richtige Lesespur. Hinweis: Kinder mit DaZ oder geringen Deutschkenntnissen und/oder Lesefähigkeiten können zunächst nur die Zuordnung von Bild und Name mithilfe des Wortspeichers üben. Dieser kann den Schüler*innen auch als Unterstützung für die Arbeit mit der Lesespurgeschichte (Differenzierungsstufe 1) dienen.	Lesespurlandkarte pro Kind; Lesespurgeschichten in den verschiedenen Differenzierungsstufen; ggf. Wortspeicher	EA
Vertiefung	Für schnelle Schüler*innen oder als Hausaufgabe bieten sich die Zusatzaufgaben zu der jeweiligen Lesespurgeschichte an. Deren Bearbeitung kann in Einzel- oder Partnerarbeit erfolgen.	Zusatzaufgaben; Lösungsblatt zur Kontrolle oder für Tippkarten	EA/PA
Abschluss	Mit Blick auf die Lesespurlandkarte (z. B. am Smartboard) wird gemeinsam die richtige Reihenfolge der Ziffern benannt. Ggf. werden die Schreibprodukte der Zusatzaufgaben vorgestellt. Reflexion mit folgenden Impulsfragen: *Was war schwierig bei der Lesespur?* *Was fiel dir leicht?* *Hast du einen Tipp für die anderen Kinder?*	Lesespurlandkarte; Tafel bzw. Smartboard; Lösungsblatt; ggf. Schreibprodukte der Zusatzaufgaben	UG (Kinositz)

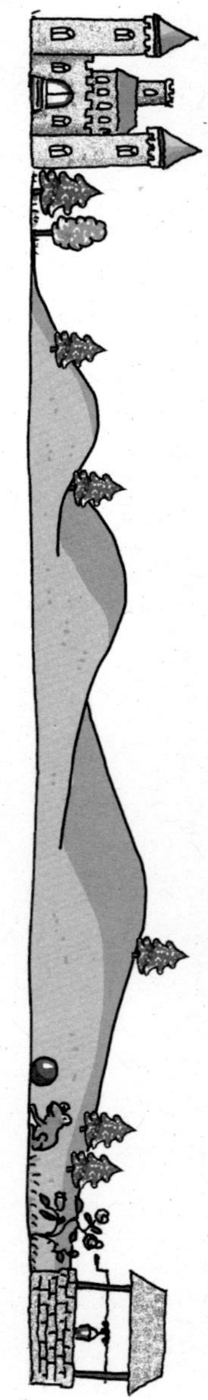

Lesespurlandkarte

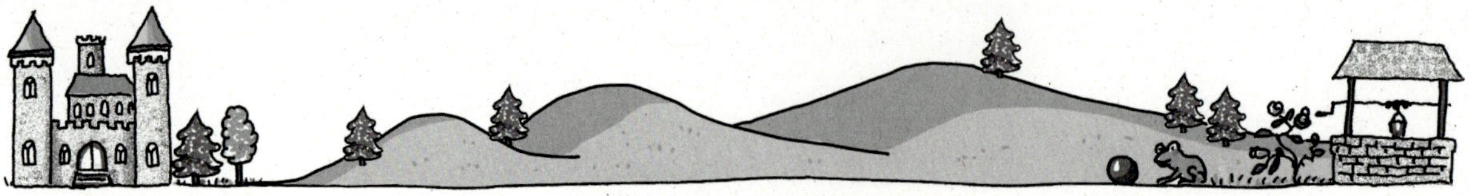

Wortspeicher

	der Junge (Aladin)		der Zauberer
	die Höhle		die Lampe
	die Mutter		die Prinzessin (Jasmin)
	der Sultan		der Lampengeist

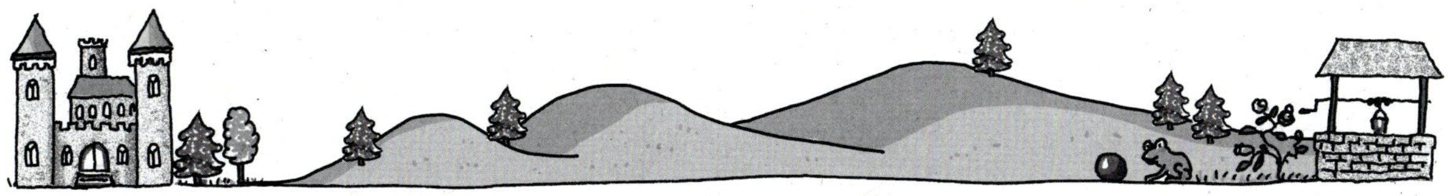

Wortspeicher

	der Ring		der Ringgeist
	die Edelsteine		das Schwert
	der Palast		die Speisen

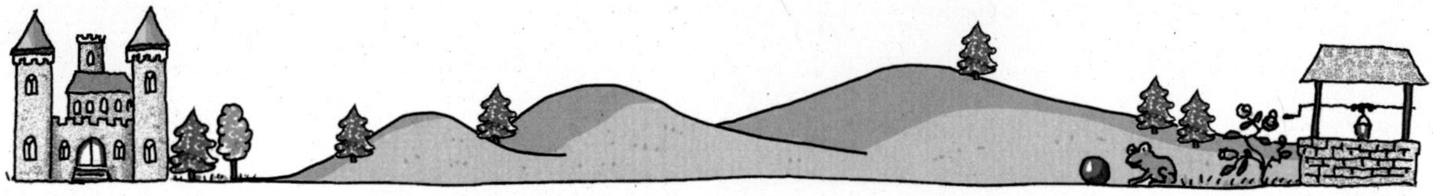

Aladin und die Wunderlampe

Lies und schreibe die Zahlen auf.

der junge Aladin	1
der böse Zauberer	
die dunkle Höhle	
die magische Lampe	
der kleine Ringgeist	
der große Lampengeist	
die leckeren Speisen	
die hübsche Prinzessin	
der alte Sultan	
die teuren Edelsteine	
der riesige Palast	
das scharfe Schwert	

Meine Lesespur:

1											

Aladin und die Wunderlampe

Lies und schreibe die Zahlen auf.
Beginne bei Nummer 1.

Es war einmal ein armer Junge namens Aladin.

1 Eines Tages traf Aladin einen Zauberer.
Dieser hatte einen gemeinen Plan.

2 Mit dem Schwert besiegte Aladin den Zauberer.
Aladin rettete seine Frau Jasmin.
Von nun an lebten sie glücklich zusammen.

3 Der Lampengeist konnte Aladin alle Wünsche erfüllen.
Aladin und seine Mutter hatten großen Hunger.
So wünschte sich Aladin leckere Speisen.

4 Der Zauberer schenkte Aladin einen Ring.
Dann brachte er Aladin zu einer dunklen Höhle.
Er befahl Aladin, in die Höhle zu gehen.

5 Der Sultan hatte schon einen Mann für sie ausgesucht.
So wünschte sich Aladin viele Edelsteine.
Diese Edelsteine bot er dem Sultan an.

6 In der Höhle fand Aladin eine Lampe.
Der Zauberer wollte diese haben.
Doch Aladin behielt die Lampe.

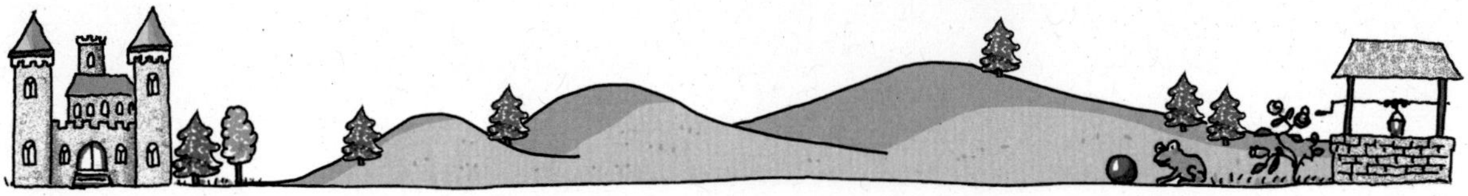

7 Als der Sultan die Edelsteine sah, gab er nach:
Aladin durfte seine Tochter Jasmin heiraten.
Die beiden lebten nun in einem riesigen Palast.

8 Der Zauberer wurde wütend und verschloss die Höhle.
Aladin hatte Angst.
Da rieb er an dem Ring und der Ringgeist erschien.

9 Jetzt standen die feinsten Speisen auf dem Tisch.
So aßen sich Aladin und seine Mutter satt.
Eines Tages sah Aladin die schöne Prinzessin Jasmin.

10 Doch einmal kam der böse Zauberer in den Palast.
Er stahl die Lampe und zauberte Jasmin weit weg.
Aladin rief den Ringgeist und wünschte sich zu Jasmin.
Dort angekommen zückte er sein Schwert.

11 Aladin verliebte sich sofort und wollte Jasmin heiraten.
Doch der Sultan, ihr Vater, war dagegen.

12 Der Ringgeist fragte Aladin nach einem Wunsch.
Aladin wünschte sich nach Hause.
Dort putzte Aladin die alte Lampe.
Doch dann erschien der Lampengeist.

Meine Lesespur:

(1) ( ) ( ) ( ) ( ) ( ) ( ) ( ) ( ) ( ) ( ) ( )

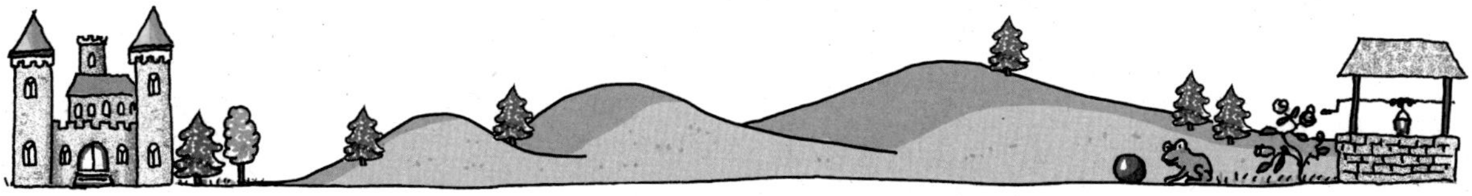

Aladin und die Wunderlampe

Lies und schreibe die Zahlen auf. Beginne bei Nummer 1.

Es war einmal ein armer Junge namens Aladin.

1 Aladin war verträumt und wollte nicht recht lernen. Sein Vater war bereits verstorben. Seine Mutter machte sich große Sorgen um Aladin. „Was soll nur später aus ihm werden?“, fragte sie sich oft. Da traf Aladin eines Tages einen Zauberer. Der Zauberer hatte einen gemeinen Plan.

2 Mit dem Schwert gelang es Aladin, den Zauberer zu besiegen und Jasmin zu befreien. Dann ließ Aladin den Palast zurück an den richtigen Ort zaubern. Von diesem Moment an lebten er und seine Frau Jasmin glücklich zusammen.

3 Der Lampengeist konnte Aladin alle Wünsche erfüllen. Da er und seine Mutter so großen Hunger hatten, wünschte sich Aladin zunächst viele leckere Speisen.

4 Der Zauberer schenkte Aladin zunächst einen Ring, der ihn schützen sollte. Dann führte er Aladin zu einer dunklen Höhle. Er befahl Aladin, für ihn in die Höhle zu gehen.

5 Der Sultan hatte schon einen anderen Mann für seine Tochter ausgesucht. Daher verbot er Aladin, Jasmin kennenzulernen. Aladin hatte eine Idee: Er wünschte sich vom Lampengeist viele, teure Edelsteine. Die Edelsteine bot er dem Sultan an.

6 In der Höhle fand Aladin eine alte Lampe. Diese wollte der Zauberer um jeden Preis haben. „Was ist so toll an dieser alten Lampe?“, dachte sich Aladin.

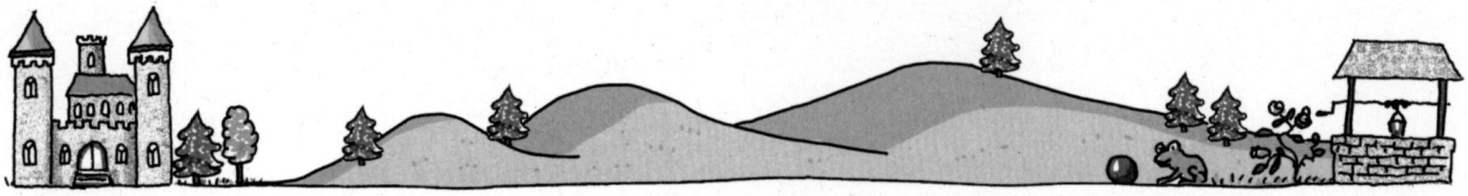

(7) Als der Sultan die teuren Edelsteine sah, sagte er beeindruckt: „Du musst ein sehr reicher Mann sein. Nun gut, du sollst meine Tochter zur Frau haben!“ Auch Jasmin verliebte sich in Aladin. Sie heirateten und lebten von da an in einem riesigen Palast.

(8) Trotzdem entschied Aladin, die Lampe zu behalten. Da wurde der Zauberer rasend vor Wut und er verschloss die Höhle mit einem großen Stein. Aladin hatte Angst in der dunklen Höhle. Da rieb er an dem Ring und der Ringgeist erschien.

(9) Auf einmal standen die feinsten Speisen auf dem Tisch. Aladin und seine Mutter konnten ihr Glück kaum fassen und aßen sich satt. Eines Tages sah Aladin die Prinzessin Jasmin.

(10) Aladin und Jasmin lebten lange Zeit glücklich in dem Palast. Doch eines Tages kam der böse Zauberer zurück. Er stahl die Lampe und zauberte Jasmin und den ganzen Palast an einen fernen Ort. Aladin rief den Ringgeist zu Hilfe und wünschte sich zu Jasmin. Dort angekommen zückte er sein Schwert.

(11) Aladin verliebte sich sofort in die schöne Prinzessin. „Ich möchte sie kennenlernen und heiraten!“, dachte er sich. Doch ihr Vater, der Sultan, war dagegen.

(12) Der Ringgeist fragte Aladin: „Was wünschst du dir?“
So wünschte sich Aladin nach Hause zu seiner Mutter.
Dort wollte Aladin erstmal die alte Lampe putzen. Doch als er an ihr rieb, erschien der Lampengeist.

Meine Lesespur:

(1) ( ) ( ) ( ) ( ) ( ) ( ) ( ) ( ) ( ) ( ) ( )

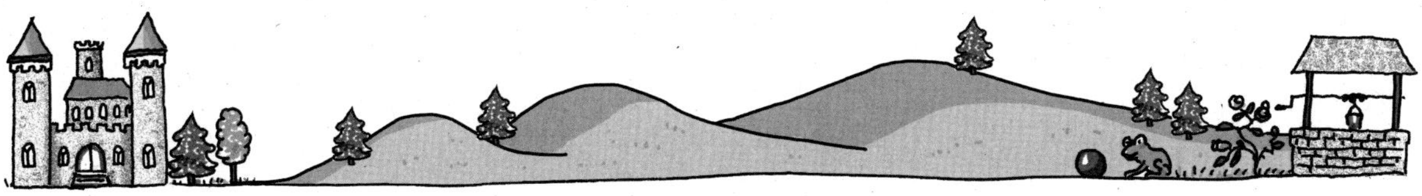

Zusatzaufgaben

1. Stelle dir vor, du hast drei Wünsche frei: 
   - Ein Wunsch soll für jemanden sein, den du gerne magst.
   - Ein Wunsch soll für deine Klasse sein.
   - Ein Wunsch soll für dich sein.

2. Schreibe oder male die Wünsche in die Blasen. 

3. Suche dir ein Partnerkind.
   Stellt euch eure Wünsche vor. 

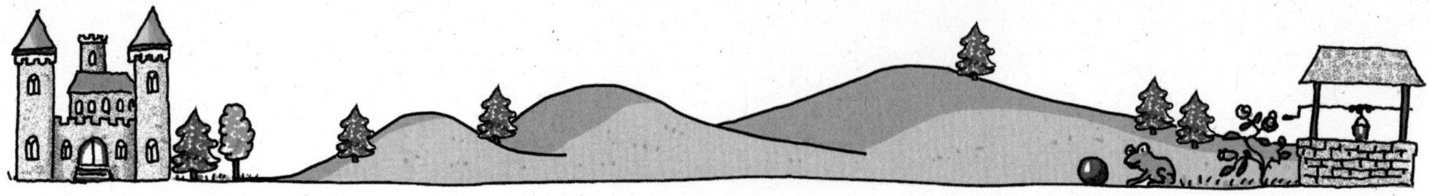

Lösung

1 · 4 · 6 · 8 · 12 · 3 · 9 · 11 ·
5 · 7 · 10 · 2

Satzanfänge für die Zusatzaufgabe:

- Für meine beste Freundin / meinen besten Freund wünsche ich mir …
- Für meine Mama / meinen Papa wünsche ich mir …
- Mein Wunsch für unsere Klasse ist …
- Ich wünsche mir, dass unsere Klasse …
- Ich wünsche mir für mich …
- Mein größter Wunsch ist …

interaktive PDFs →

Lesespurlandkarte

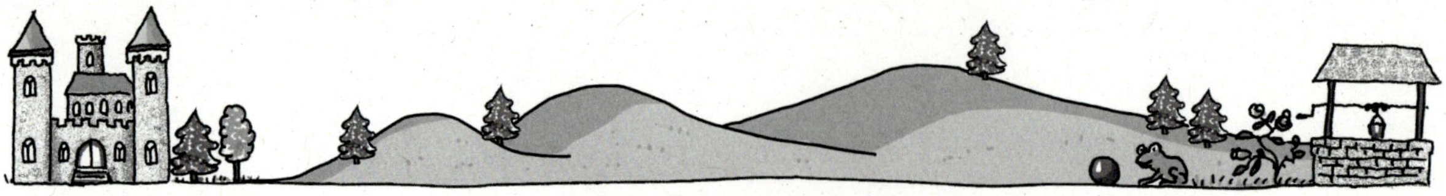

Wortspeicher

	Aschenputtel		der Prinz
	der Tanz		der Schuh
	die Taube		der Topf
	das Schloss		der Brief

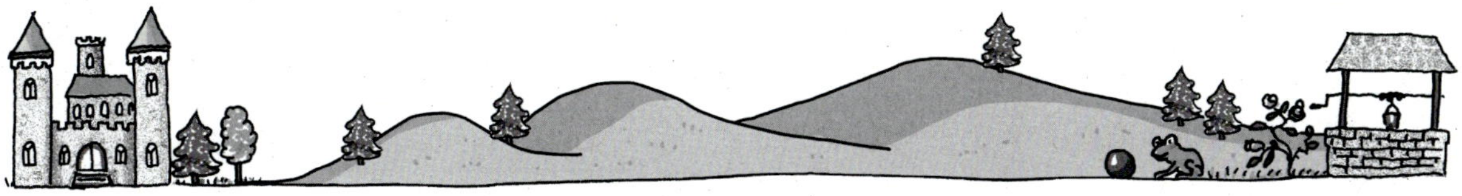

Wortspeicher

	das Kleid		die Treppe
	der Herd		die Linsen
	die Hochzeit		der Ring
	die Stief-schwestern		die Schalen

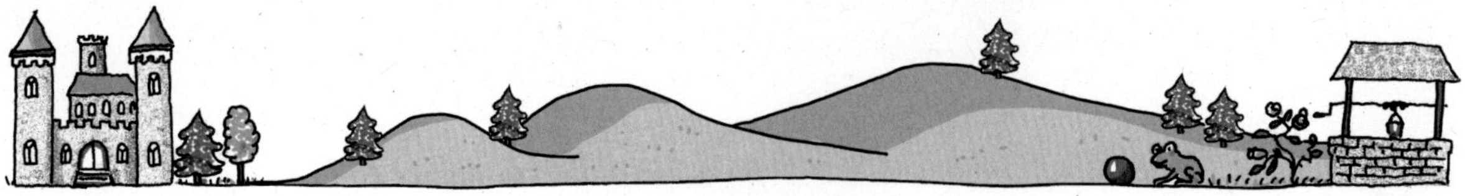

Aschenputtel

Lies und schreibe die Zahlen auf.

das hübsche Aschenputtel	1
die bösen Stiefschwestern	
der große Topf	
der nette Brief	
die runden Schalen	
das tolle Kleid	
der fröhliche Tanz	
der alte Herd	
der passende Schuh	
die lange Treppe	
der liebe Prinz	
der schöne Ring	

Meine Lesespur:

1											

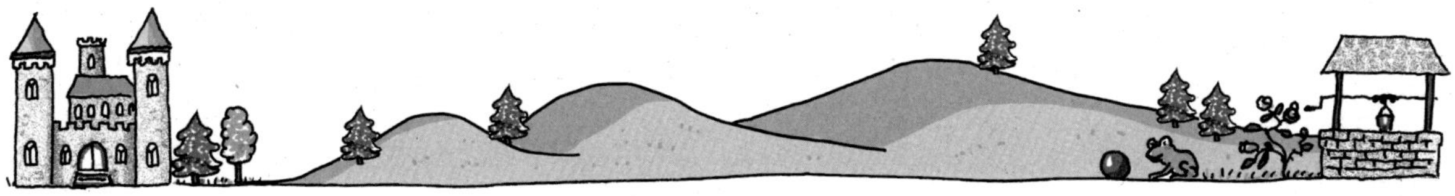

Aschenputtel

Lies und schreibe die Zahlen auf.
Beginne bei Nummer 1.

Es war einmal ein schüchternes Mädchen.

(1) Das Mädchen hieß Aschenputtel.
Sie hatte zwei Stiefschwestern.

(2) So viel Arbeit!
Da kamen viele Tauben und halfen ihr.
Sie schenkten ihr auch ein wunderschönes Kleid.

(3) Die Stiefschwestern waren gemein zu ihr.
Aschenputtel musste viel kochen und putzen.
Heute kochte sie einen großen Topf voll Kartoffeln.

(4) Ihr Schuh klebte an der Treppe des Schlosses.
Er blieb an der Treppe hängen, als sie davonlief.

(5) Hier musste sie jede Nacht schlafen.
Ein Bett hatte Aschenputtel nicht.
Da fiel ihr auf, dass sie ihren Schuh verloren hatte.

(6) Der Prinz fand den Schuh auf der Treppe.
Er wollte die Frau heiraten, welcher der Schuh passte.
So machte sich der Prinz auf die Suche.

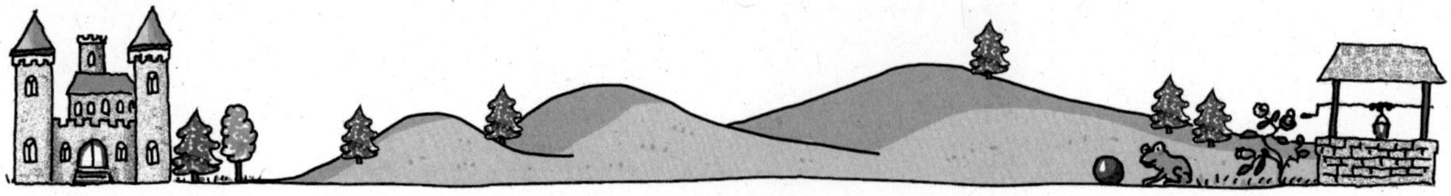

7 Aschenputtel kochte sehr oft.
Eines Tages kam ein Brief an.
Es war eine Einladung zu einem Fest im Schloss.

8 Niemandem passte der Schuh.
Bis der Prinz endlich Aschenputtel fand!
Ihr passte der Schuh perfekt.
Der Prinz schenkte ihr deshalb einen Ring.

9 Der Prinz wollte nur noch mit Aschenputtel tanzen.
Doch plötzlich eilte sie nach Hause.
Dort legte sie sich zum Schlafen in die Asche neben den Herd.

10 Die beiden feierten eine schöne Hochzeit.
Sie wurden ein sehr glückliches Paar.

11 Aschenputtel zog das Kleid an und ging zu dem Fest.
Dort tanzte der Prinz mit Aschenputtel einen Tanz.

12 Aschenputtel wollte auch zu dem Fest.
Sie bat die Stiefmutter um Erlaubnis.
Diese befahl ihr, zuerst Linsen in zwei Schalen zu sortieren.

Meine Lesespur:

1 ◯ ◯ ◯ ◯ ◯ ◯ ◯ ◯ ◯ ◯ ◯

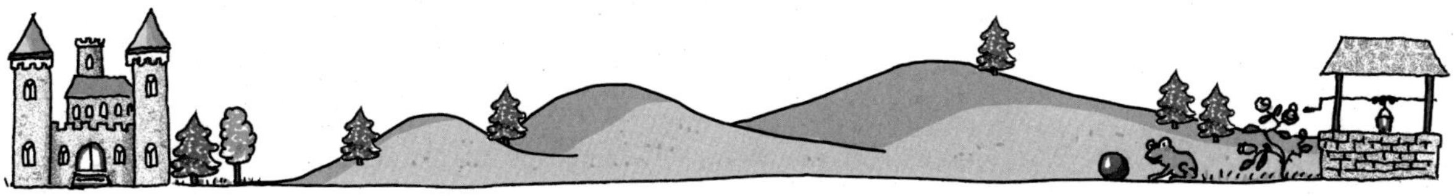

Aschenputtel

Lies und schreibe die Zahlen auf. Beginne bei Nummer 1.

Es war einmal ein schüchternes und frommes Mädchen, das sehr hübsch war. Seine Kleidung war oft dreckig und löchrig, daher trug es den Namen Aschenputtel.

(1) Aschenputtels Mutter war schon gestorben. Seitdem lebte das Mädchen mit seinem Vater und der Stiefmutter in einem kleinen Haus. Dort lebten auch die fiesen Stiefschwestern.

(2) So viel Arbeit! Wie sollte sie das je schaffen? Da kamen plötzlich viele Tauben herbeigeflogen und halfen Aschenputtel. „Euch schickt der Himmel!“, freute sie sich. Die Tauben schenkten ihr auch ein wunderschönes Kleid.

(3) Die Stiefschwestern waren oft gemein zu ihr. Immer wieder ärgerten sie Aschenputtel. Alle Aufgaben im Haushalt überließen sie ihr. Daher musste Aschenputtel oft kochen und putzen. Heute kochte sie einen großen Topf voll Kartoffeln.

(4) Wahrscheinlich hatte sie den Schuh verloren, als sie davonlief. Er blieb an der langen Treppe des Schlosses kleben.

(5) Dort musste Aschenputtel jede Nacht schlafen. Ein Bett hatte das Mädchen nämlich nicht. Da erschrak Aschenputtel. Ihr fiel auf, dass sie ihren linken Schuh verloren hatte.

(6) Der Prinz fand den Schuh auf der Treppe. Er war traurig, dass Aschenputtel so schnell verschwand. Er wollte seine Tänzerin finden und begab sich auf die Suche nach ihr. „Ich werde die Frau heiraten, der dieser Schuh passt!“, beschloss der Prinz.

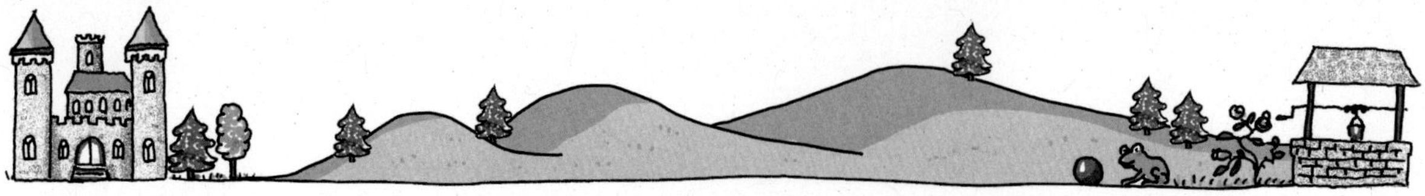

(7) Die Hausarbeit war für Aschenputtel sehr anstrengend! Eines Tages erhielt die Familie einen Brief. Es war eine Einladung zu einem großen Fest im Schloss.

(8) Doch niemandem passte der Schuh. Auch die beiden Stiefschwestern versuchten es, aber er drückte und zwickte. Zuletzt probierte auch Aschenputtel den Schuh an. Er passte! „Das ist meine Prinzessin!“, wusste der Prinz nun. Vor lauter Glück schenkte er ihr einen goldenen Ring.

(9) Der Prinz und Aschenputtel tanzten zusammen und schwebten zur Musik durch den Saal. Toll sahen sie zusammen aus! Plötzlich flüchtete Aschenputtel und eilte nach Hause. Dort legte sie sich zum Schlafen in die Asche neben den Herd.

(10) So kam es, dass die beiden heirateten und eine wunderschöne Hochzeit feierten. Sie wurden sehr glücklich. Und wenn sie nicht gestorben sind, dann leben sie noch heute.

(11) Aschenputtel sah in dem Kleid bezaubernd aus. Als sie im Schloss ankam und der Prinz sie sah, war er von ihrer Schönheit angetan. Die Stiefschwestern wurden sauer, denn der Prinz hatte nur Augen für Aschenputtel. So kam es, dass er Aschenputtel zum Tanzen aufforderte.

(12) „Da möchte ich unbedingt hin“, dachte sich Aschenputtel. Sie bat die Stiefmutter um Erlaubnis. Doch diese gab ihr zuvor eine mühevolle Aufgabe. Sie musste viele Linsen in zwei Schalen sortieren. Erst dann durfte Aschenputtel auf das Fest!

Meine Lesespur:

(1) ( ) ( ) ( ) ( ) ( ) ( ) ( ) ( ) ( ) ( ) ( )

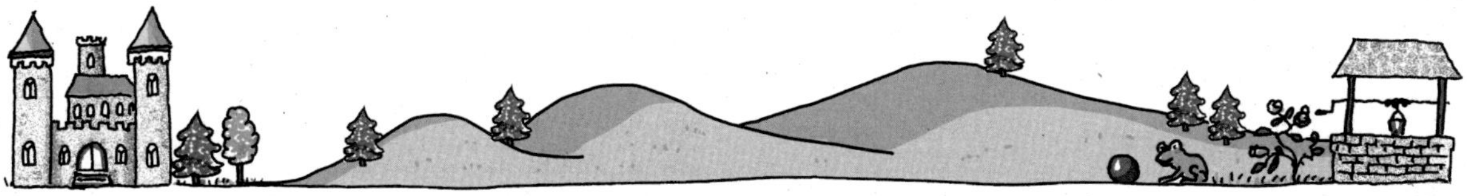

Zusatzaufgaben

1. Stell dir vor, du bist Aschenputtel.
2. Was hast du erlebt? Schreibe es in das Tagebuch.
3. Male ein passendes Bild in das Tagebuch.
4. Suche dir ein Partnerkind. Lest euch gegenseitig vor.

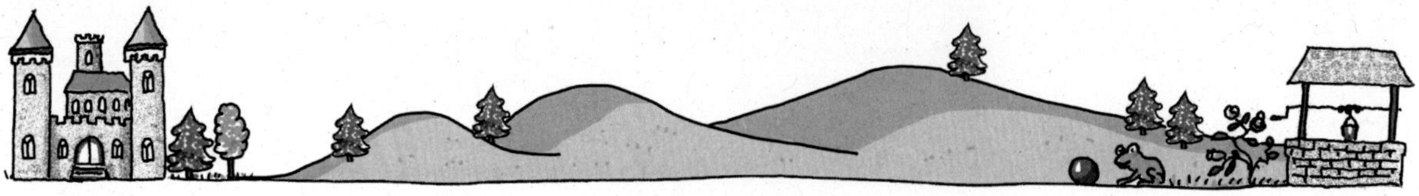

Lösung

1 · 3 · 7 · 12 · 2 · 11 · 9 · 5 ·
4 · 6 · 8 · 10

Tippkarte für die Zusatzaufgabe:

- Ich musste viele Linsen sortieren.
- Zum Glück halfen mir die Tauben.
- Ich habe einen Prinzen getroffen.
- Der Tanz war toll.
- Mein Kleid war wunderschön.
- Ich bin so glücklich.
- Er mag mich auch.
- Wir haben geheiratet.
- Es war ein tolles Fest.

interaktive PDFs →

Lesespurlandkarte

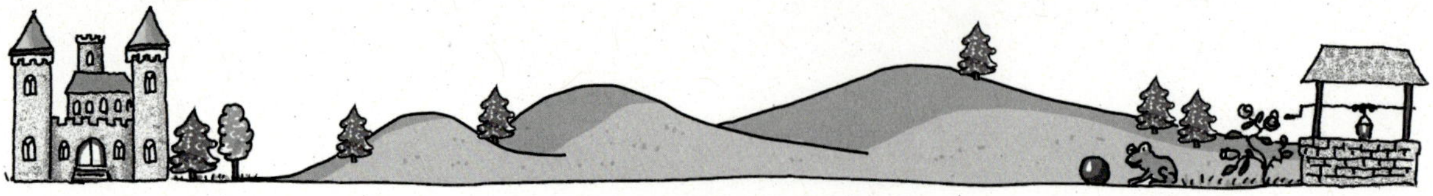

Wortspeicher

	der Frosch		der Prinz
	die Prinzessin		der König
	die Kugel		die Hexe
	der Brunnen		das Essen

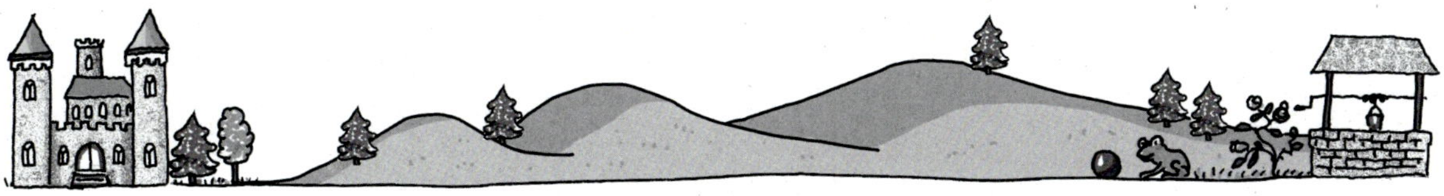

Wortspeicher

	der Tisch		die Träne
	der Ring		das Schloss
	die Wand	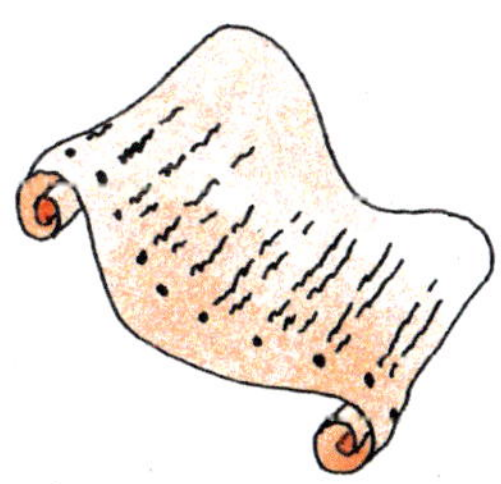	die Liste
	das Bett	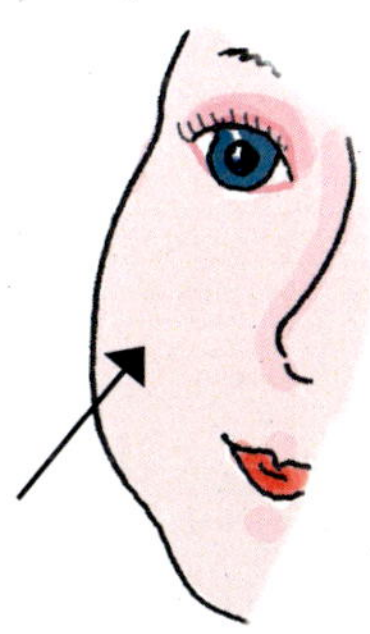	die Wange

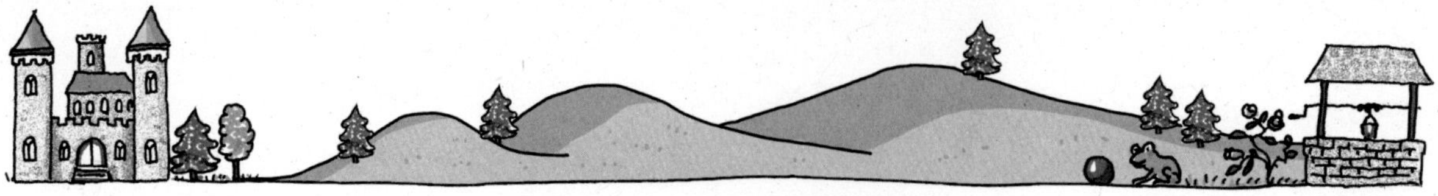

Der Froschkönig

Lies und schreibe die Zahlen auf.

die schöne Prinzessin	1
der tiefe Brunnen	
die goldene Kugel	
die dicke Träne	
der grüne Frosch	
die lange Liste	
der gedeckte Tisch	
der ehrliche König	
das weiche Bett	
der nette Prinz	
die böse Hexe	
der teure Ring	

Meine Lesespur:

1											

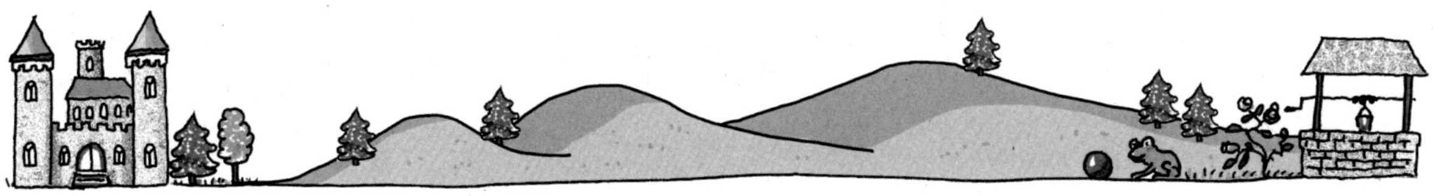

Der Froschkönig

Lies und schreibe die Zahlen auf.
Beginne bei Nummer 1.

Es war einmal eine schöne Prinzessin, die ein Wunder erlebte.

(1) Eines Tages saß die Prinzessin an einem Brunnen.
Der Brunnen war aus Stein und sehr tief.

(2) Doch auf einmal fiel die Kugel in den Brunnen.
Da weinte die Prinzessin.
Eine dicke Träne kullerte über ihre Wange.

(3) Plötzlich kam der Frosch und wollte mitessen.
Das hatte ihm die Prinzessin vorhin versprochen.
Doch nun wollte sie nicht mit dem Frosch essen.
Da mischte sich der König ein.

(4) Der Prinz sah sehr nett aus.
Die Prinzessin wunderte sich über die Verwandlung.
Da erzählte der Prinz von einer bösen Hexe.

(5) Es war ein Ehering.
So heirateten sie und wurden glücklich.

(6) Der König sagte: „Versprochen ist versprochen!"
So durfte der Frosch mitessen.
Danach folgte er der Prinzessin sogar in ihr Bett.

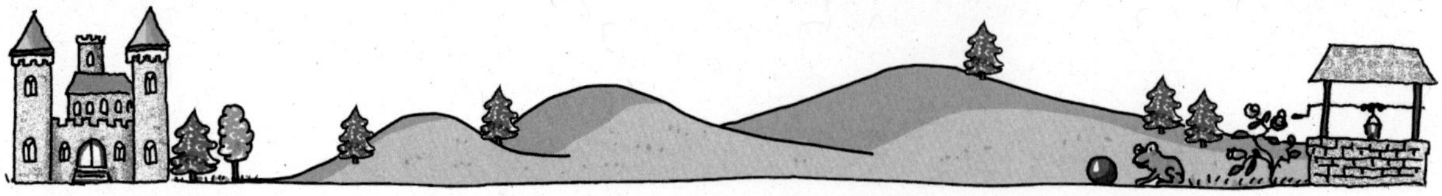

7 Die Hexe hatte ihn in einen Frosch verwandelt.
Sofort verliebte sich die Prinzessin in den Prinzen.
Er schenkte ihr einen Ring.

8 Die Prinzessin war sehr traurig.
Plötzlich kroch ein grüner Frosch herbei.
Er quakte und setzte sich neben sie.

9 Am Brunnen spielte die Prinzessin mit ihrer Kugel.
Die goldene Kugel glänzte schön.

10 Der Frosch wollte der Prinzessin helfen.
Doch zuerst stellte er eine Liste mit Forderungen.
Das alles sollte die Prinzessin ihm versprechen.

11 Die Prinzessin wollte den Frosch nicht in ihrem Bett.
Wütend warf sie den Frosch an die Wand.
Da wurde aus ihm ein Prinz.

12 Die Liste war lang, dennoch stimmte die Prinzessin zu.
Der Frosch holte die Kugel aus dem Brunnen.
Glücklich kehrte die Prinzessin nach Hause.
Sie aß zu Abend an dem gedeckten Tisch.

Meine Lesespur:

1

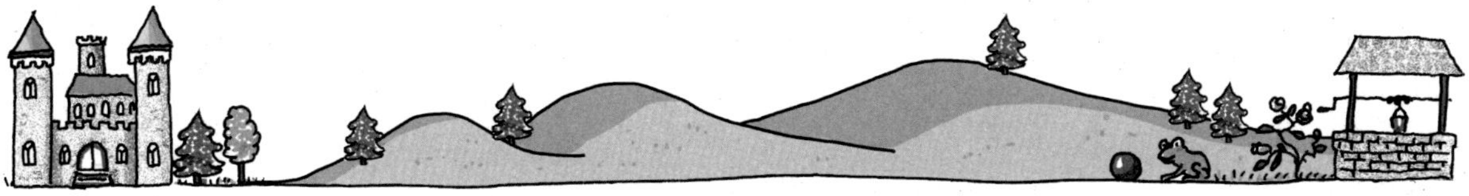

Der Froschkönig

Lies und schreibe die Zahlen auf. Beginne bei Nummer 1.

Es war einmal eine schöne Prinzessin, die ein großes Wunder erlebte. Von diesem Wunder erzählte sie später noch ihren Enkelkindern.

1 Eines Tages saß die Prinzessin an einem Brunnen unter einer Linde. Hier verbrachte sie viel Zeit. Der Brunnen war aus Stein. Er war so tief, dass man den Grund nicht erkennen konnte.

2 Doch auf einmal passierte ein Missgeschick und die Kugel flog in den Brunnen. Verzweifelt sah die Prinzessin der Kugel nach, wie sie Stück für Stück im Wasser verschwand. Die Prinzessin begann zu weinen und eine dicke Träne lief über ihre Wange.

3 Plötzlich tauchte der Frosch auf und setzte sich ebenso an den Tisch. Auf seiner Liste vorhin stand ein gemeinsames Abendessen. „Das hast du mir versprochen!“, erinnerte der Frosch die Prinzessin. Diese weigerte sich aber, mit dem Frosch zu essen. Doch da mischte sich ihr Vater, der König, ein.

4 Der Prinz sah nett aus und lächelte sie an. „Wie kann das sein?“, staunte die Prinzessin. Der Prinz antwortete: „Es war eine böse Hexe, die mich vor langer Zeit verwandelt hatte.“

5 Es war ein Ehering. So heirateten die beiden und lebten glücklich bis an ihr Lebensende zusammen.

6 Der Vater mahnte seine Tochter: „Versprochen ist versprochen, das wird auch nicht gebrochen. Der Frosch darf mitessen!“
So aß der Frosch von den köstlichen Speisen. Danach folgte er der Prinzessin ins Schlafzimmer und setzte sich auf ihr Bett.

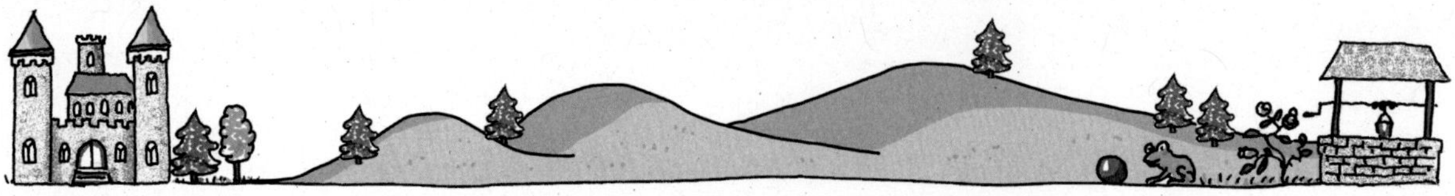

7 Die böse Hexe hatte den Prinzen in einen Frosch verwandelt. „Wie gut, dass der Spuk nun vorbei ist“, sagte der Prinz. Die Prinzessin sah ihm in die Augen und verliebte sich sofort. Daraufhin schenkte er ihr einen glänzenden Ring.

8 Die Prinzessin weinte und weinte und rieb sich ihre roten Augen. Da hörte sie plötzlich ein Quaken. Es kam von einem Frosch, der sich neben sie setzte und sie mit großen Augen ansah.

9 Am Brunnen spielte die Prinzessin gerne mit ihrer Kugel. Sie warf sie mit der einen Hand in die Höhe und fing sie mit der anderen wieder auf. Die goldene Kugel war das liebste Spielzeug der Prinzessin.

10 Der Frosch bot ihr an, die Kugel aus dem Brunnen zu holen. Aber er stellte eine Liste mit Forderungen, was die Prinzessin im Gegenzug für ihn machen sollte. Die Liste war lang.

11 Ihr Bett wollte die Prinzessin nicht mit einem Frosch teilen. „Verschwinde, du blödes Tier!“, schimpfte die Prinzessin. Wütend nahm sie ihn und warf ihn gegen die Wand. Da verwandelte sich der Frosch und vor ihr stand ein Prinz.

12 Es war viel, was der Frosch von der Prinzessin forderte. Dennoch stimmte die Prinzessin zu. Sie wollte doch unbedingt ihre Kugel zurück. So holte der Frosch die Kugel aus dem Brunnen. Glücklich kehrte die Prinzessin nach Hause und aß zu Abend. Der Tisch war mit leckeren Speisen gedeckt.

Meine Lesespur:

1

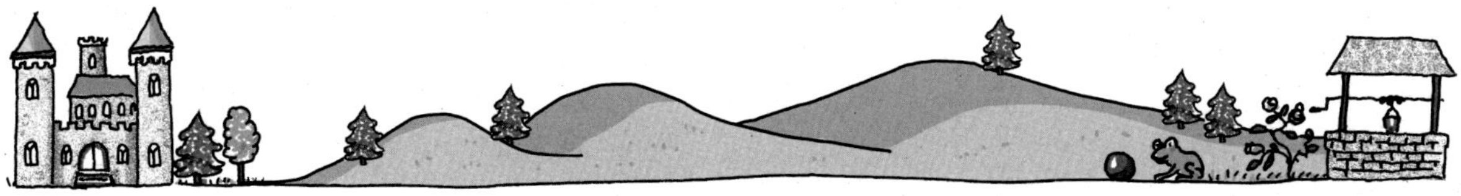

Zusatzaufgaben

1. Findest du die Wörter des Märchens im Wortgitter?
   Färbe sie in deiner Lieblingsfarbe.

Tipp 1: Die Wörter stehen von oben nach unten oder von links nach rechts.

Tipp 2: Wenn du das Blatt umdrehst, kannst du im grauen Kasten die Wörter lesen, die man finden kann.

P	r	i	n	z	e	s	s	i	n	M	C	K	n	K
r	g	G	F	r	o	s	c	h	I	R	T	ö	c	u
i	F	H	e	x	e	f	j	c	c	i	G	n	h	g
n	N	j	o	I	p	a	l	m	n	n	R	i	u	e
z	a	B	r	u	n	n	e	n	i	g	Z	g	n	l

2. Schreibe die Wörter nun mit Begleiter (der, die, das) auf.

____

____

____

____

Prinz · Frosch · Prinzessin · Kugel · Hexe · Ring · Brunnen · König

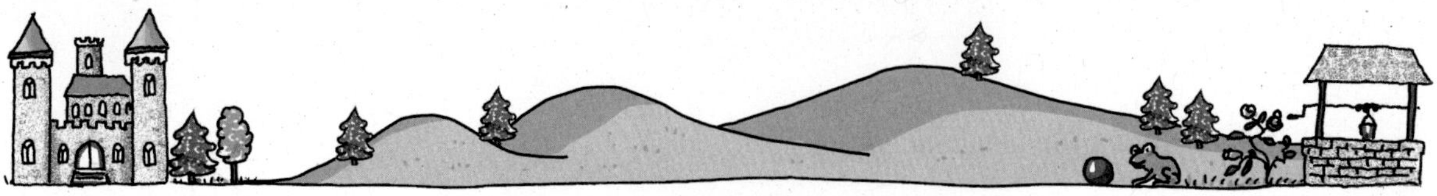

Lösung

1 · 9 · 2 · 8 · 10 · 12 · 3 · 6
11 · 4 · 7 · 5

P	r	i	n	z	e	s	s	i	n	M	C	K	n	K
r	g	G	F	r	o	s	c	h	l	R	T	ö	c	u
i	F	H	e	x	e	f	j	c	c	i	G	n	h	g
n	N	j	o	l	p	a	l	m	n	n	R	i	u	e
z	a	B	r	u	n	n	e	n	i	g	Z	g	n	l

die Prinzessin, der Frosch, die Hexe, der Brunnen,

der Prinz, der Ring, der König, die Kugel

interaktive PDFs →

Lesespurlandkarte

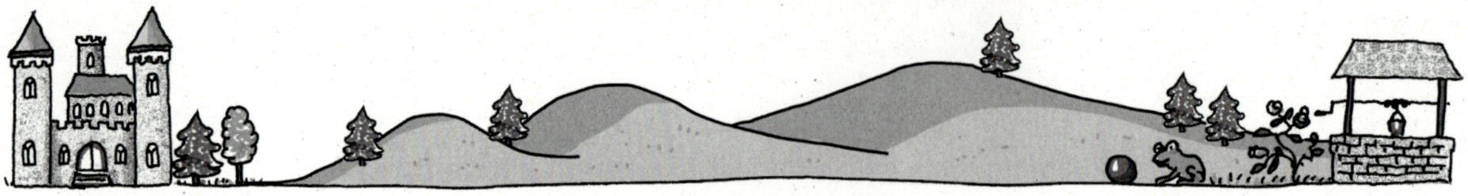

Wortspeicher

	der Kaiser		der Schrank
	die Kleider		die Betrüger
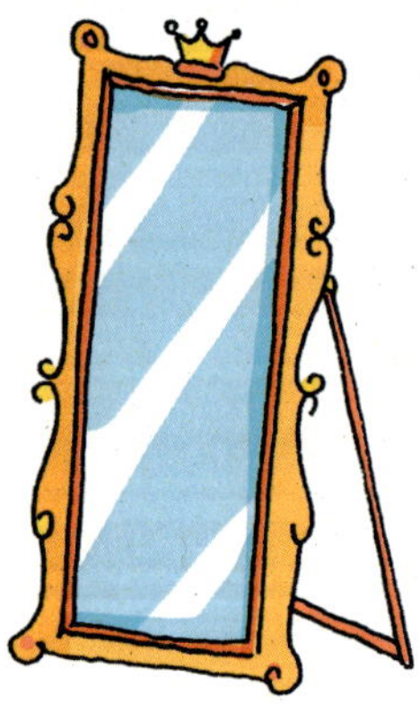	der Spiegel		der Stoff
	der Webstuhl		der Diener

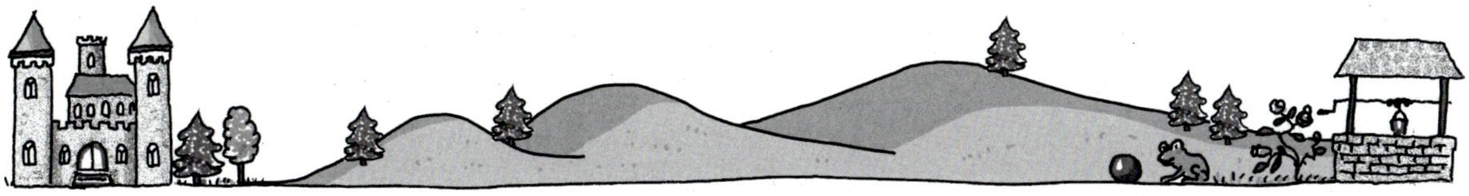

Wortspeicher

	die Diamanten		die Brille
	die Krone		die Menschen
	der Junge		der Anzug
	die Unterwäsche		die Münzen

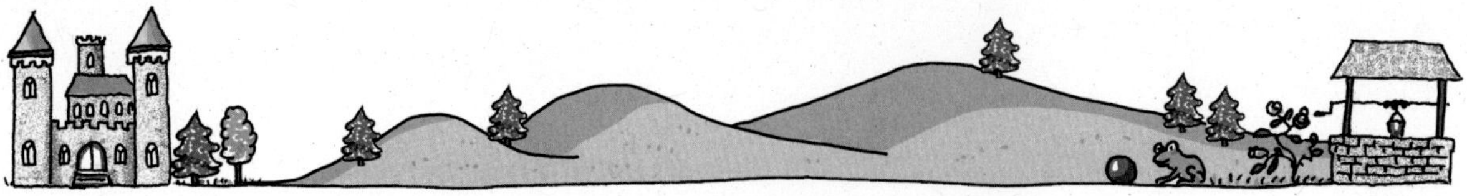

Des Kaisers neue Kleider

Lies und schreibe die Zahlen auf.

der reiche Kaiser	1
der hohe Schrank	
die fiesen Betrüger	
der edle Stoff	
die goldenen Münzen	
der alte Webstuhl	
der treue Diener	
die teuren Diamanten	
die neue Brille	
der große Spiegel	
die vielen Menschen	
der kleine Junge	

Meine Lesespur:

1											

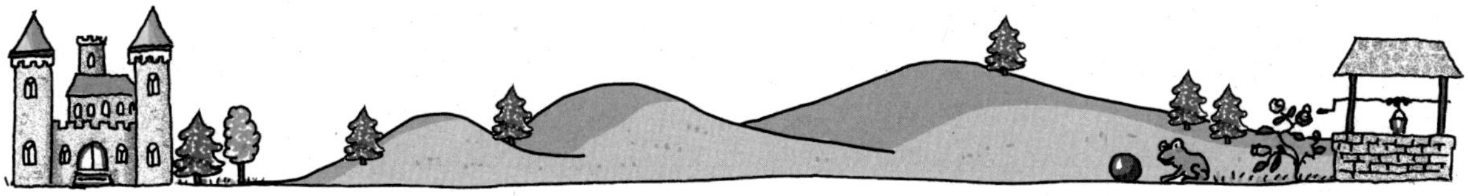

Des Kaisers neue Kleider

Lies und schreibe die Zahlen auf.
Beginne bei Nummer 1.

Es war einmal ein Kaiser, der Kleider über alles liebte.

(1) Der Kaiser besaß sehr viele teure Kleider.
Diese bewahrte er in einem großen Schrank auf.

(2) Sie taten so, als würden sie nähen.
Der Kaiser war neugierig.
Sein Diener sollte nachsehen, wie weit der Anzug war.

(3) Der Junge rief laut zum Kaiser: „Du bist ja nackt!"
Der Kaiser erschrak und merkte, dass er recht hatte.
Beschämt zog er weiter an seinem Volk vorbei.

(4) Der Diener ging zu den Betrügern.
Diese fragten ihn scheinheilig:
„Sehen die Diamanten auf dem Anzug nicht toll aus?"

(5) Sein Schrank war bis oben hin voll mit edlen Kleidern.
Eines Tages kamen zwei Betrüger in die Stadt.
Sie hatten einen gemeinen Plan.

(6) Die Betrüger taten so, als halfen sie ihm in den Anzug.
Der Kaiser traute sich nicht, etwas zu sagen.
Er wollte nicht, dass andere ihn für dumm hielten.
Draußen waren schon viele Menschen zu hören.

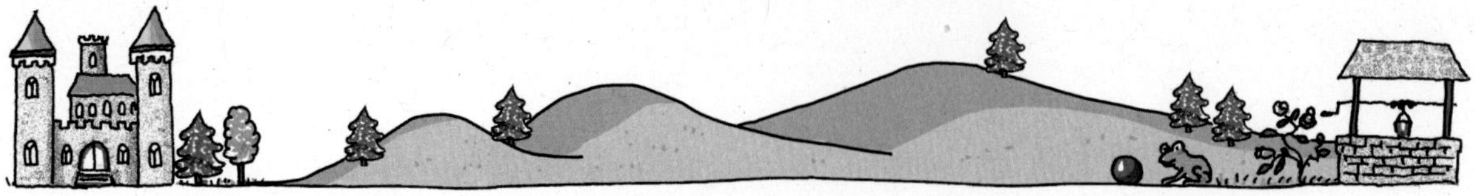

(7) Die Betrüger wollten Geld vom Kaiser bekommen.
Sie sagten, sie könnten die schönsten Anzüge nähen.
Denn sie hätten einen ganz besonderen Stoff.

(8) Doch auch mit der Brille sah der Kaiser nichts.
Unsicher stellte sich der Kaiser vor den Spiegel.

(9) Aber der Diener sah weder Diamanten noch Stoff.
Doch er wollte nicht, dass man ihn für dumm hielt.
Also tat er so, als würde er den Anzug sehen.
Nun wollte der Kaiser nachsehen und nahm seine Brille.

(10) Die Betrüger steckten sich die Münzen ein.
Doch sie hatten gar keinen Stoff.
Und so setzten sie sich ohne Stoff an einen Webstuhl.

(11) Sie alle wollten den Kaiser im edlen Anzug sehen.
Der Kaiser ging hinaus und hatte nur Unterwäsche an.
Keiner sagte etwas, außer ein kleiner Junge.

(12) Sie boten dem Kaiser einen Anzug aus diesem Stoff an.
Die Betrüger erfanden eine Lüge:
„Für dumme Menschen ist der Stoff unsichtbar! Kaiser,
so werdet ihr erkennen, wer schlau ist und wer nicht!“
Begeistert gab der Kaiser ihnen viele Münzen.

Meine Lesespur:

(1) ( ) ( ) ( ) ( ) ( ) ( ) ( ) ( ) ( ) ( ) ( )

Des Kaisers neue Kleider

Lies und schreibe die Zahlen auf. Beginne bei Nummer 1.

Es war einmal ein Kaiser, der Kleider über alles liebte.

1 Der Kaiser besaß sehr viele teure Kleider. Diese bewahrte er in einem großen Schrank auf. Dieser war so voll, dass nichts mehr hineinpasste. Dabei war der Schrank schon sehr hoch und breit.

2 Die Betrüger taten so, als würden sie an dem Webstuhl nähen. Langsam wurde der Kaiser neugierig, wie weit sein neuer Anzug wohl schon geschneidert war. Er schickte seinen Diener los, um für ihn nachzusehen und zu berichten.

3 Der Junge rief laut zum Kaiser: „Du hast ja gar nichts an!“ Da begannen die Menschen zu lachen. „Der Junge hat wohl recht“, dachte sich der Kaiser, „doch ich muss so tun, als wäre nichts!“ Beschämt zog der Kaiser mit rotem Kopf an seinem Volk vorbei.

4 Doch der Diener erschrak, als er keinen Stoff sah. Er dachte verzweifelt: „Bin ich etwa dumm? Oh nein! Das darf niemand von mir denken!“ Da fragten die Betrüger scheinheilig: „Sehen die Diamanten auf dem Anzug nicht toll aus?“

5 Der Schrank war bis oben hin voll mit edlen Kleidern. Eines Tages kamen zwei Betrüger in die Stadt. Sie hatten einen hinterlistigen Plan und gaben sich als Schneider aus.

6 Vor dem Spiegel sollte er den Anzug anprobieren. Die beiden Betrüger taten so, als halfen sie ihm hinein. Der Kaiser spürte auch gar keinen Stoff auf der Haut. Draußen waren schon viele Menschen zu hören.

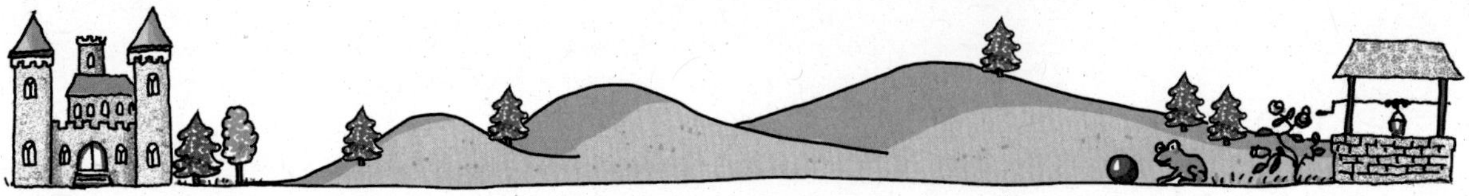

7 Die Betrüger wollten Geld vom Kaiser bekommen.
Sie sagten, sie könnten die schönsten Anzüge nähen.
Denn sie hätten einen ganz besonderen Stoff.

8 Doch auch der Kaiser konnte nichts sehen, auch nicht mit Brille. „Nur schlaue Menschen können diesen edlen Stoff sehen!“, logen die Betrüger. Der Kaiser wollte nicht zugeben, dass er nichts sah. Er stellte sich vor den Spiegel.

9 Auch Diamanten konnte der Diener nicht sehen. Trotzdem sagte er später dem Kaiser, dass alles nach Plan liefe. Schließlich wollte er nicht, dass der Kaiser ihn für dumm hielt. Nun wollte auch der Kaiser nachsehen und nahm seine neue Brille mit.

10 Die Münzen steckten die Betrüger ein. Doch in Wahrheit hatten sie gar keinen Stoff. Trotzdem setzten sie sich ohne Stoff an einen Webstuhl und es sah so aus, als würden sie arbeiten.

11 Alle Menschen wollten den Kaiser im edlen Anzug sehen. Stolz ging der Kaiser hinaus zu seinem Volk. Dabei hatte er ja nur seine Unterwäsche an. Keiner traute sich, etwas zu sagen. Außer ein kleiner Junge …

12 Sie boten dem Kaiser an, einen Anzug aus diesem Stoff zu nähen. Die Betrüger behaupteten: „Für dumme Menschen ist der Stoff unsichtbar! Kaiser, so werdet ihr erkennen, wer schlau ist und wer nicht!“ Der Kaiser war so begeistert, dass er gleich zusagte und ihnen viele Münzen für den Auftrag bezahlte.

Meine Lesespur:

1

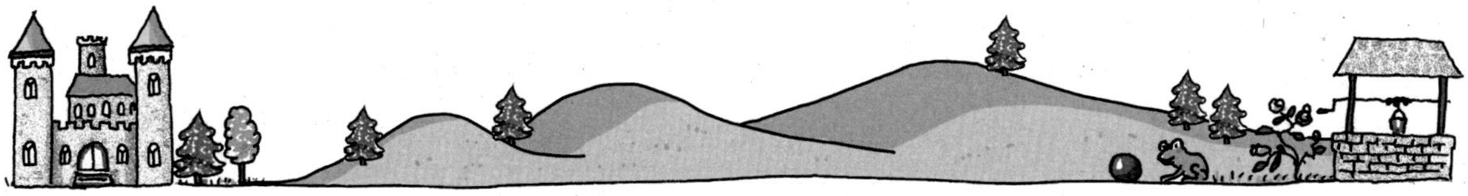

Zusatzaufgaben

1. Entwirf einen Anzug für den Kaiser und ein Kleid für die Kaiserin. Male den Anzug und das Kleid an.

2. Denke dir eine besondere Eigenschaft für die Kleidung aus. Schreibe sie auf: 

____

____

3. Suche dir ein Partnerkind. 
Zeige ihm den Anzug und das Kleid.
Beschreibe, was daran besonders ist.

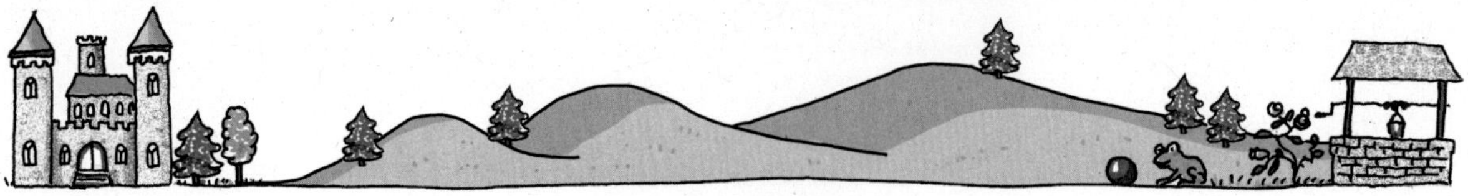

Lösung

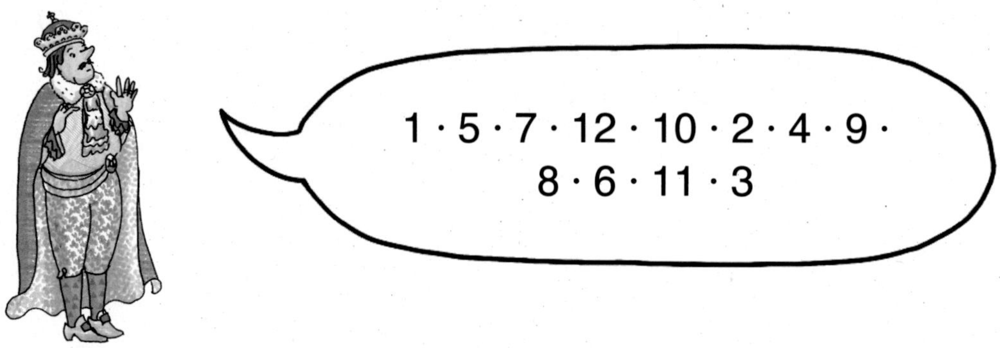

Tippkarte für besondere Eigenschaften:

Wer den Anzug / das Kleid trägt, ...

- wird unsichtbar.
- kann jede Sprache der Welt sprechen.
- kann fliegen.
- kann zaubern.
- kann Gedanken von anderen Menschen lesen.
- kann durch Wände gehen.
- kann in die Zukunft sehen.
- kann durch die Zeit reisen.

interaktive PDFs →

Lesespurlandkarte

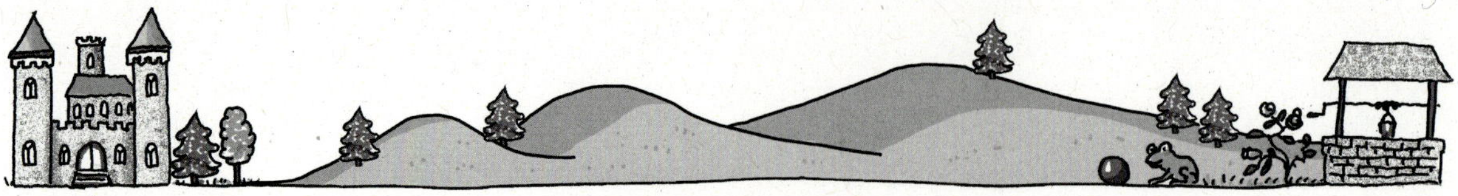

Wortspeicher

	der Esel		der Hahn
	die Katze		der Hund
	der Wald		das Schild
	die Kerze		die Tiere

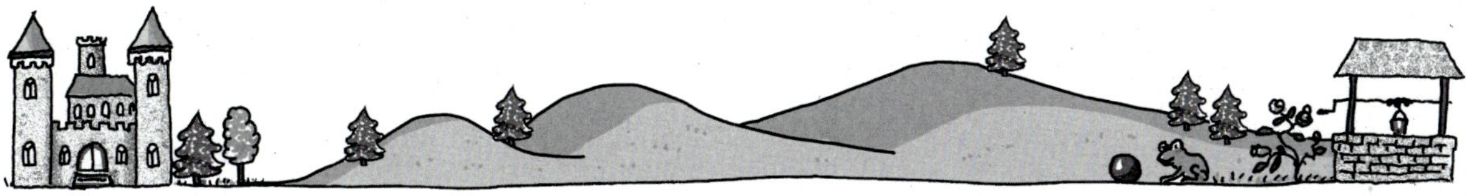

Wortspeicher

	das Bein		die Musik
	das Fenster		die Räuber
	das Haus		die Feder
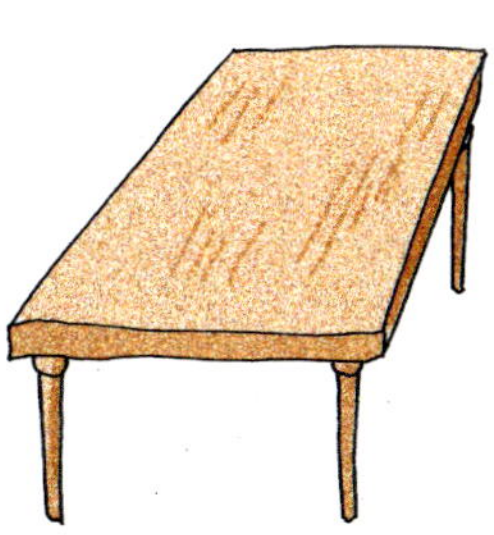	der Tisch		die Speisen

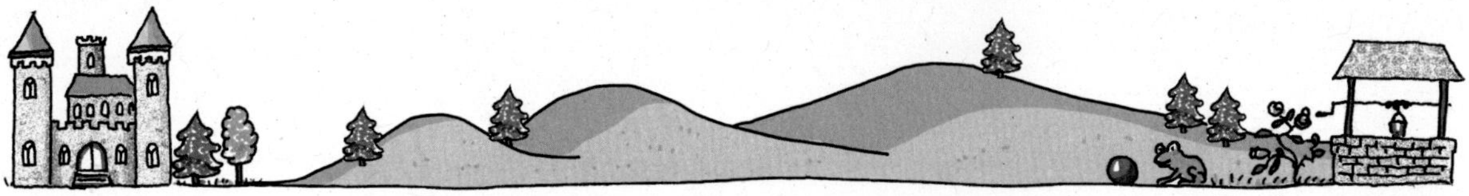

Die Bremer Stadtmusikanten

Lies und schreibe die Zahlen auf.

der alte Esel	1
der lahme Hund	
die müde Katze	
der kranke Hahn	
das große Schild	
der dunkle Wald	
das kleine Haus	
der gedeckte Tisch	
die bösen Räuber	
die vier Tiere	
die helle Kerze	
das verletzte Bein	

Meine Lesespur:

1											

Die Bremer Stadtmusikanten

Lies und schreibe die Zahlen auf.
Beginne bei Nummer 1.

Es war einmal ein alter Esel.

1 Da er so alt war, wollte sein Besitzer ihn weggeben.
Doch der Esel lief davon.
Er traf auf ein Tier mit Pfoten, das bellen konnte.

2 Das war ein kranker Hahn.
Die Tiere wollten weg.
Sie sahen ein Schild, auf dem BREMEN stand.

3 Die Tiere guckten durch das Fenster.
Sie sahen einen Tisch.
Der Tisch war mit leckeren Speisen gedeckt.

4 Deshalb wollten die Tiere die Räuber vertreiben.
Sie kletterten aufeinander und machten Lärm.
Der Esel schrie, die Katze miaute, der Hund bellte und der Hahn krähte.

5 „Aua, mein Bein!“, schrie der Räuber und rannte weg.
Von da an gehörte das Haus den Tieren.
Dort lebten sie glücklich bis an ihr Lebensende.

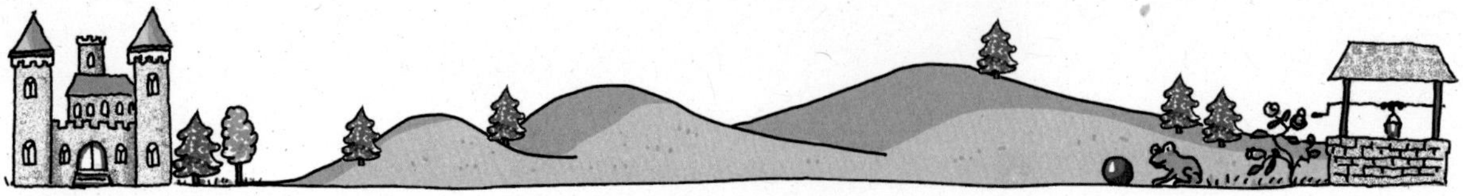

6 Genau, es war der lahme Hund.
Die beiden lernten das Tier kennen, das miaut.

7 Die Tiere legten sich schlafen.
Da schlich sich ein Räuber zurück in das Haus.
Das merkte der Hund und er biss ihm in das Bein.

8 Es war eine müde Katze.
Schon schloss sich ein Tier mit Federn an.

9 Die Tiere liefen durch den dunklen Wald.
Dort kamen sie an einem Haus vorbei.

10 Die Räuber erschraken und liefen weg.
Dann aßen sich die Tiere an dem Essen satt.
Als sie müde wurden, pustete der Esel die Kerze aus.

11 Die Tiere bekamen Hunger.
Sie wollten von den Speisen essen.
Doch in dem Haus waren Räuber.

12 Das Schild führte die Tiere nach Bremen.
Dort wollten sie Musik machen und Musiker werden.
Auf dem Weg dorthin kamen sie in einen dunklen Wald.

Meine Lesespur:

(1) ( ) ( ) ( ) ( ) ( ) ( ) ( ) ( ) ( ) ( ) ( )

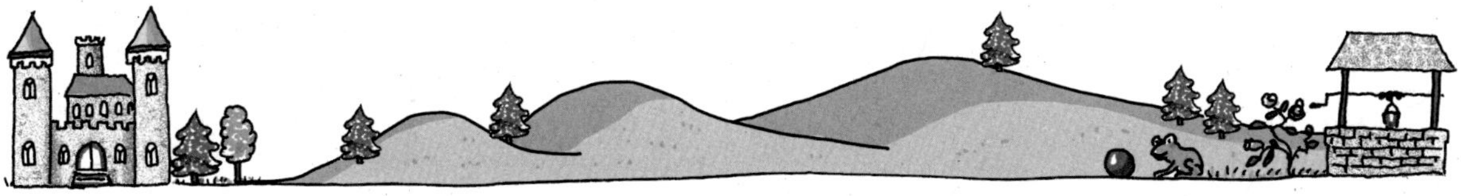

Die Bremer Stadtmusikanten

Lies und schreibe die Zahlen auf. Beginne bei Nummer 1.

Es war einmal ein Esel, der sehr alt geworden war.

1 Da er so alt war, wollte sein Besitzer ihn weggeben. Doch der Esel lief davon und wollte ein neues Leben beginnen. Sogleich traf er auf ein Tier, das bellen konnte. Auch dieses Tier war alt und konnte seinem Herrchen nicht mehr bei der Jagd helfen.

2 Das war ein kranker Hahn. So zogen die vier Tiere los. Sie sahen ein Schild, auf dem BREMEN stand. „Hier können wir Musiker werden!“, schlug der Esel vor. Also folgten sie dem Schild.

3 Die Tiere guckten durch das Fenster des Hauses. Dort konnten sie einen Tisch erkennen, der mit den leckersten Speisen gedeckt war. „Mhm, sieht das köstlich aus!“, dachten sie.

4 Die Tiere wollten die Räuber vertreiben. Da hatten sie eine Idee, wie dies gelingen konnte: Sie kletterten alle aufeinander. In der Dunkelheit sahen sie nun wie ein riesiges, gruseliges Tier aus. Dazu schrie der Esel, die Katze miaute, der Hund bellte und der Hahn krähte. Es war ein fürchterlicher Lärm.

5 „Aua, mein Bein!“, schrie der Räuber und rannte schnell davon. Dieses Mal kam keiner zurück und von da an gehörte das Haus den Tieren. So lebten sie hier glücklich bis an ihr Lebensende.

6 Der lahme Hund war es, den der Esel traf. Sie beschlossen, von nun an gemeinsam zu gehen. Die beiden lernten das Tier kennen, das leise auf Pfoten schleichen konnte und miaute. „Komm mit uns!“, sagten Esel und Hund.

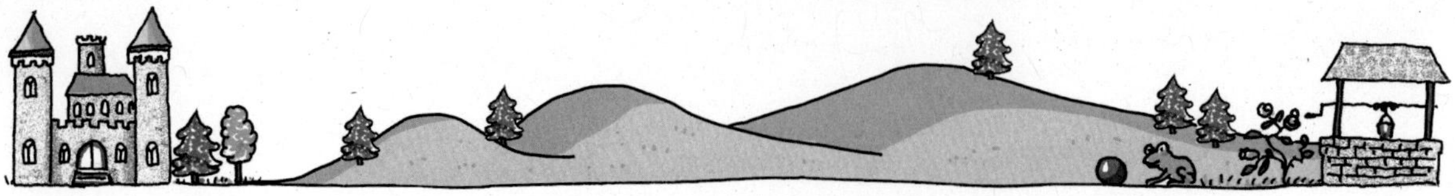

7 Das Licht ging aus und die Tiere legten sich schlafen. Da schlich sich ein Räuber zurück in das Haus. Das merkte der Hund und er biss dem Räuber in das Bein.

8 Die Katze war schon zu müde, um Mäuse zu fangen. Sie freute sich, nun Tiere zu treffen, denen es ähnlich ging wie ihr. Schon schloss sich ein Tier mit Federn an. Es rief „Kikeriki“ und flatterte dabei unruhig mit den Flügeln.

9 Die Tiere durchquerten nachts den dunklen Wald. In der Ferne sahen sie ein Haus, aus dem Licht schien. „Was sich wohl in dem Haus befindet?", fragte der Esel. Neugierig schlichen sie sich an das Haus heran.

10 Die Räuber erschraken sich und flohen, so schnell sie konnten. Glücklich und zufrieden aßen sich die Tiere an den Speisen satt. Nach dem Essen wurden sie müde und sie wollten sich schlafen legen. Da pustete der Esel die Kerze aus.

11 Beim Anblick der Speisen bekamen die Tiere Hunger. Zwar bot der Tisch Platz für alle vier Tiere. Doch an dem Tisch saßen bereits Räuber, die es sich gut gehen ließen.

12 Das Schild zeigte nach Bremen. Doch der Weg dorthin war noch weit und führte die Tiere eines Nachts in einen dunklen Wald. Hohe Bäume und dichtes Gewächs kamen ihnen entgegen.

Meine Lesespur:

1

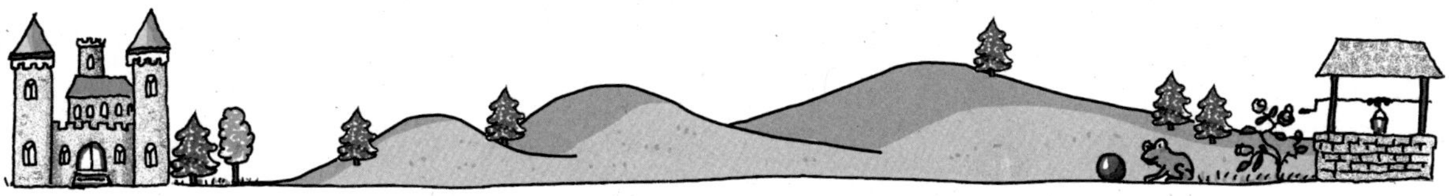

Zusatzaufgaben

1. Stelle dir ein Tier vor, das Eigenschaften von allen vier Stadtmusikanten hat. Zum Beispiel hat es Federn wie ein Hahn, miaut wie eine Katze …

2. Male es.

3. Beschreibe das Tier.

4. Suche dir ein Partnerkind. Lies ihm vor und zeige ihm das Tier. Sucht einen Namen für das Tier.

Name:

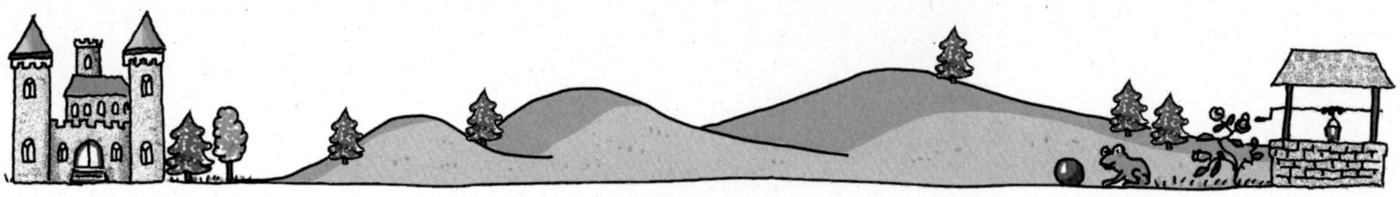

Lösung

1 · 6 · 8 · 2 · 12 · 9 · 3 · 11 ·
4 · 10 · 7 · 5

Satzbausteine für die Zusatzaufgabe:

Mein Tier kann bellen / krähen / miauen ...

Mein Tier hat vier Pfoten.

Es hat Federn / Flügel ...

Mein Tier hat ein _____ Fell.

Es kann fliegen / klettern ...

Mein Tier ist so groß wie ...

interaktive PDFs →

Lesespurlandkarte

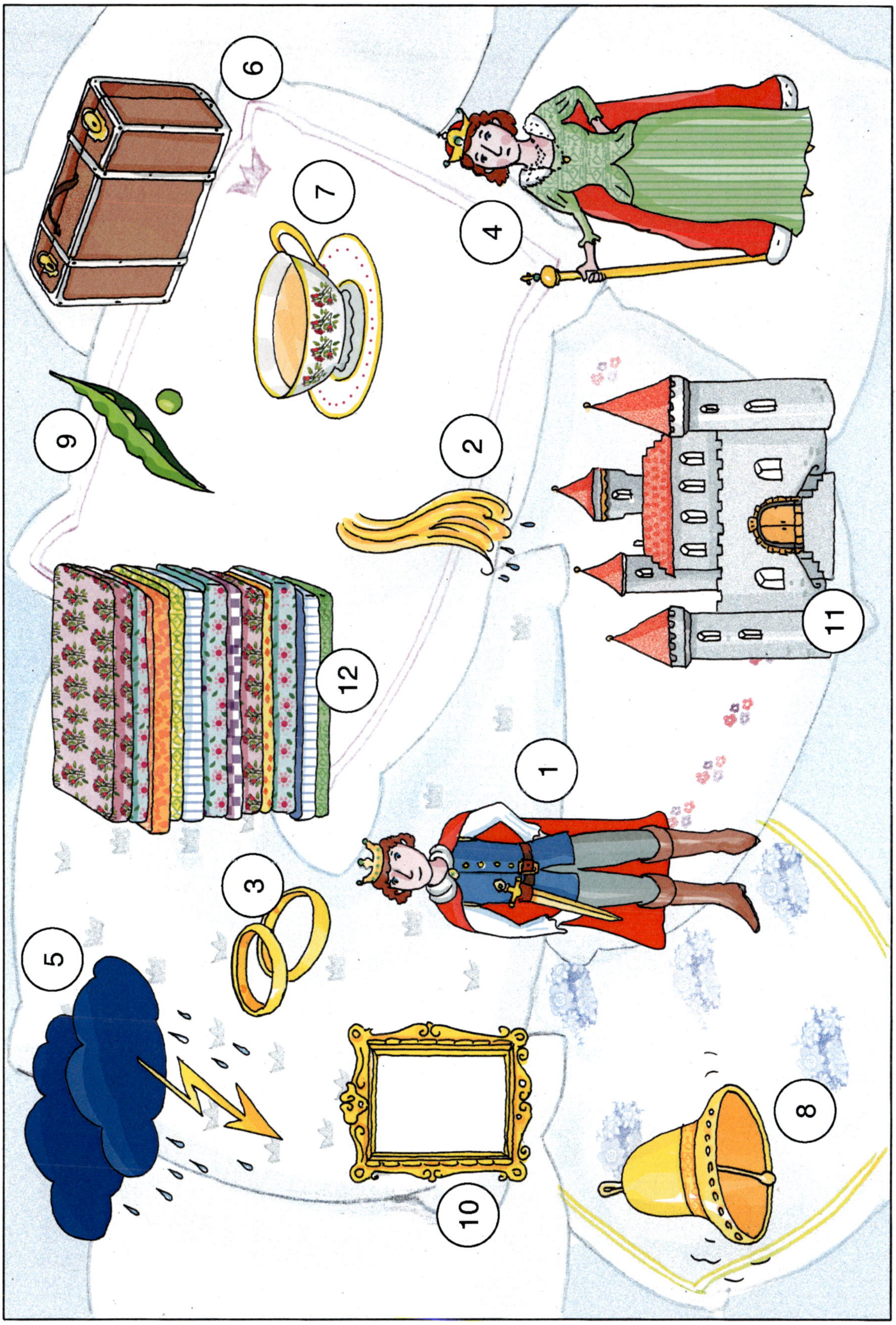

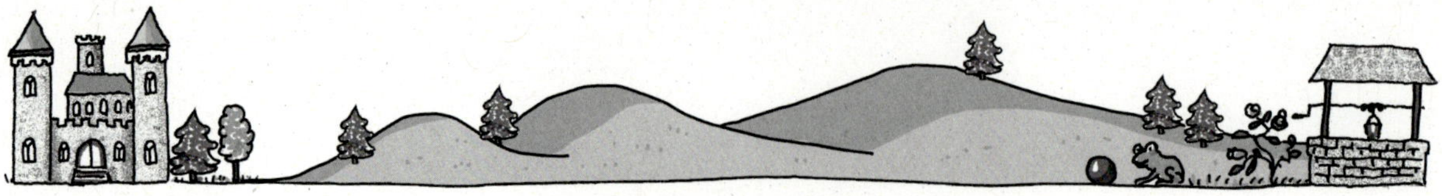

Wortspeicher

	die Prinzessin		der Prinz
	die Matratzen		die Königin
	das Schloss		der Bilderrahmen
	die Erbse	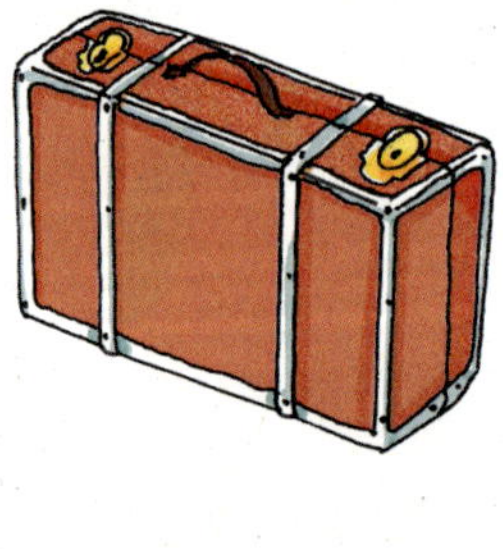	der Koffer

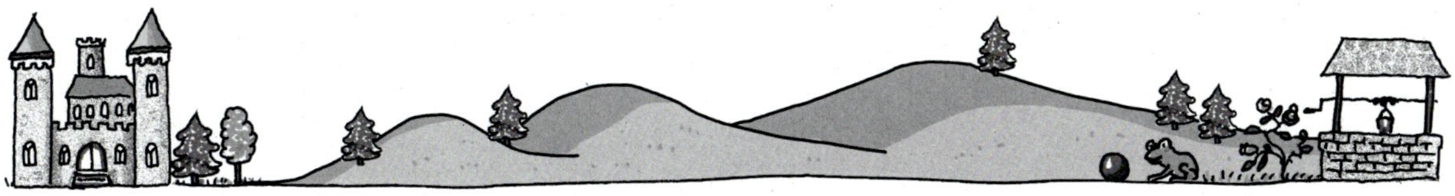

Wortspeicher

	der Tee		die Hochzeit
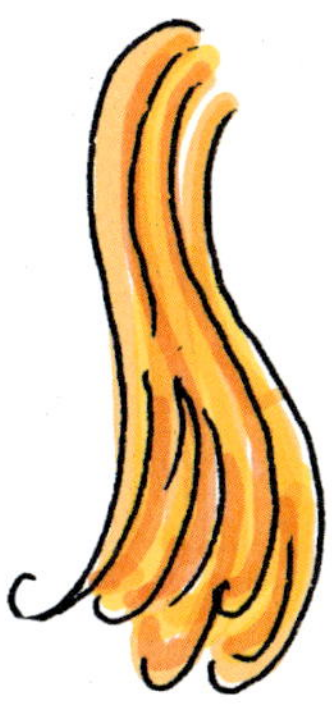	die Haare		die Glocke
	das Gewitter		die Nacht
	das Tor		die Ringe

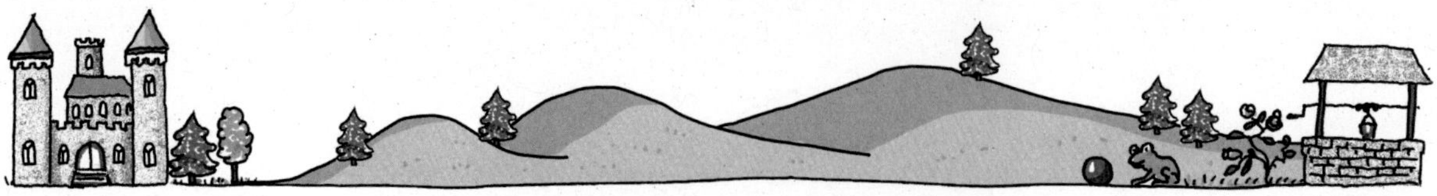

Die Prinzessin auf der Erbse

Lies und schreibe die Zahlen auf.

der einsame Prinz	1
die teuren Ringe	
der schwere Koffer	
das starke Gewitter	
die nassen Haare	
das schöne Schloss	
die kluge Königin	
die weichen Matratzen	
die harte Erbse	
der warme Tee	
der goldene Bilderrahmen	
die laute Glocke	

Meine Lesespur:

1											

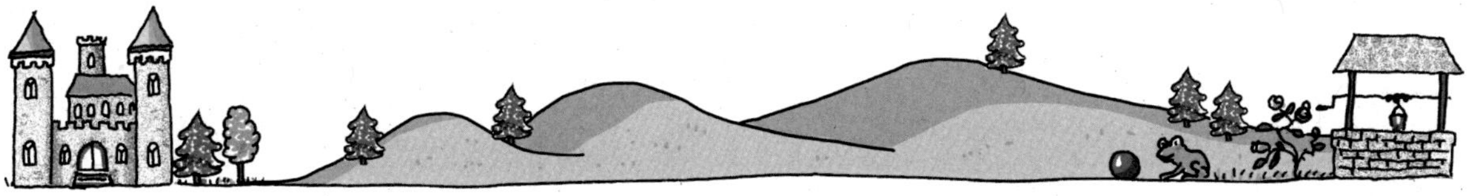

Die Prinzessin auf der Erbse

Lies und schreibe die Zahlen auf.
Beginne bei Nummer 1.

Es war einmal ein einsamer Prinz.
Er wollte sich verlieben und heiraten.

(1) Der Prinz kaufte zwei Ringe.
Sie waren teuer und wunderschön.

(2) Die Frau fror und der Prinz ließ sie in das Schloss.
Im Schloss war es schließlich warm und gemütlich.

(3) Die Ringe sollten Eheringe sein.
Er wollte eine Frau finden, eine richtige Prinzessin.
Also packte er seinen Koffer.

(4) Die Königin ließ 20 Matratzen bringen.
Darauf sollte die Prinzessin schlafen.

(5) Während des Gewitters klopfte eine Frau am Tor.
Ihre Haare waren ganz nass und tropften.

(6) Er reiste lange umher und suchte seine Prinzessin.
Doch er fand sie nicht und kehrte wieder nach Hause.
Als er zurück war, zog in der Nacht ein Gewitter auf.
Es blitzte und donnerte.

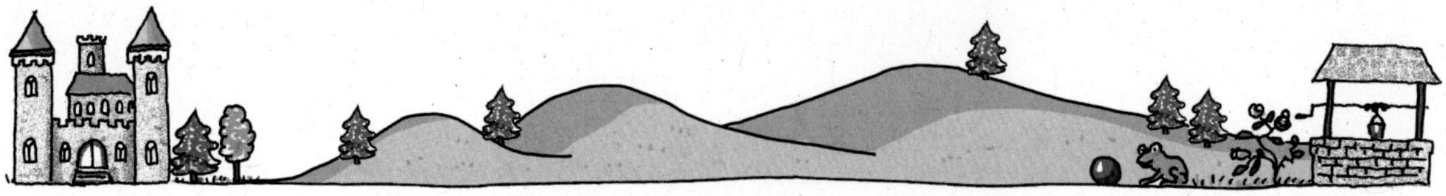

7 Nun wusste der Prinz: Das ist eine richtige Prinzessin!
Nur eine Prinzessin konnte so empfindlich sein.
Der Prinz holte einen Bilderrahmen.

8 Der Prinz und die Prinzessin heirateten.
Sie steckten sich gegenseitig die Ringe an.
Und so lebten die beiden glücklich zusammen.

9 Am nächsten Morgen jammerte die Prinzessin, dass sie sehr schlecht geschlafen hätte.
Sie hatte die Erbse also durch die Matratzen gespürt!
Da half ihr erstmal ein leckerer Tee.

10 In dem Bilderrahmen wurde die Erbse aufbewahrt.
Der Prinz wusste, dass er diese Frau heiraten möchte.
Da läuteten schon die Hochzeitsglocken.

11 Die Frau sagte, dass sie eine richtige Prinzessin sei.
Doch der Prinz wusste nicht, ob das stimmte.
Da hatte die alte Königin plötzlich eine Idee.

12 Doch unter die erste Matratze legte sie eine Erbse.
Es war eine harte, rohe Erbse.

Meine Lesespur:

1 ◯ ◯ ◯ ◯ ◯ ◯ ◯ ◯ ◯ ◯ ◯

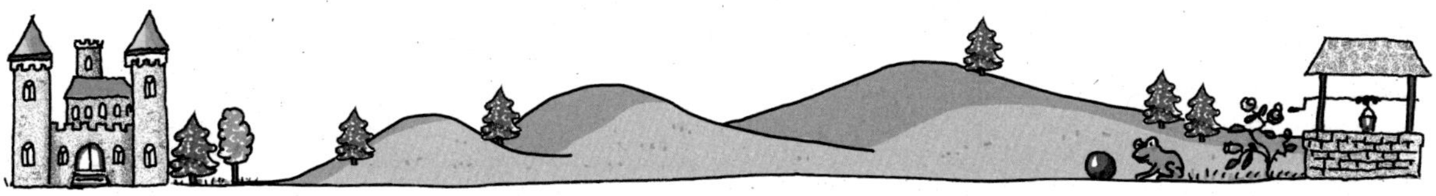

Die Prinzessin auf der Erbse

Lies und schreibe die Zahlen auf. Beginne bei Nummer 1.

Es war einmal ein einsamer Prinz, der einen großen Wunsch hatte: Er wollte eine richtige Prinzessin finden und diese heiraten.

(1) Daher kaufte er zwei wunderschöne Ringe. Einen davon wollte er seiner zukünftigen Frau schenken. Die Schmuckstücke waren teuer und glitzerten.

(2) Die junge Frau fror fürchterlich. Der Prinz zögerte nicht und lud sie in das Schloss ein. Dort war es warm und gemütlich.

(3) Die Ringe sollten die Eheringe werden. Aber dafür fehlte noch die passende Frau. Also wollte er durch das Land ziehen auf der Suche nach seiner Prinzessin. Er packte seinen Koffer. Dieser war ganz schön schwer. Puh!

(4) Die Königin bot der Prinzessin an, über Nacht zu bleiben. Immerhin war es schon spät und die Prinzessin war müde. Die Königin ließ 20 Matratzen bringen, auf denen die Prinzessin schlafen sollte.

(5) Es donnerte, krachte und blitzte am Himmel. Da klopfte es plötzlich am Schlosstor. Eine junge Frau mit nassen Haaren und nasser Kleidung stand vor dem Prinzen. Ihre Haare waren so nass, dass das Wasser heruntertropfte.

(6) Mit dem vielen Gepäck begab er sich auf eine lange Reise. Doch ohne Erfolg! Er traf zwar viele Frauen. Doch er wusste nie, ob es auch richtige Prinzessinnen waren. Also kehrte er zurück. In der Nacht aber zog ein fürchterliches Gewitter auf.

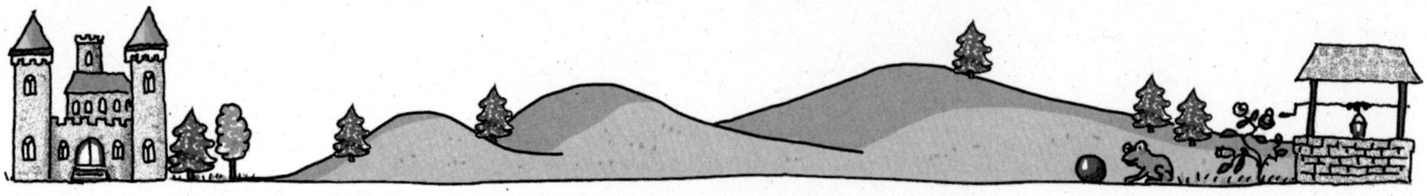

7 Der Tee tat gut und linderte ihre Schmerzen. Der Prinz war begeistert, denn er wusste: „Das muss eine wahre Prinzessin sein. Denn nur eine Prinzessin wäre so empfindlich!“ Sogleich holte er einen Bilderrahmen hervor.

8 So heirateten der Prinz und die Prinzessin und sie steckten sich gegenseitig die Ringe an. Auf der Hochzeit gab es allerlei feine Speisen – doch Erbsen gab es nicht!

9 Am nächsten Morgen hatte die Prinzessin Rückenschmerzen. „Oh je, ich habe kaum geschlafen. Ich muss auf etwas gelegen haben, das sehr hart war“, jammerte sie. Sie hatte die Erbse also durch die vielen Matratzen gespürt! Schnell ließ der Prinz ihr einen warmen Tee bringen.

10 In dem Bilderrahmen wurde die Erbse an die Wand genagelt. Der Prinz fragte die Prinzessin, ob sie seine Frau werden wollte. Wenig später läuteten schon die Hochzeitsglocken.

11 Die Frau behauptete, dass sie eine richtige Prinzessin sei. Doch der Prinz wusste nicht, ob das stimmte. Schließlich sah sie nicht wie eine Prinzessin aus. Ihre Kleider waren schmutzig und pitschnass. Da hatte die alte Königin plötzlich eine Idee.

12 Unter der ersten Matratze versteckte die Königin eine Erbse. Es war eine harte, rohe Erbse. Die Königin wollte herausfinden, ob die Prinzessin die Erbse spüren konnte.

Meine Lesespur:

1

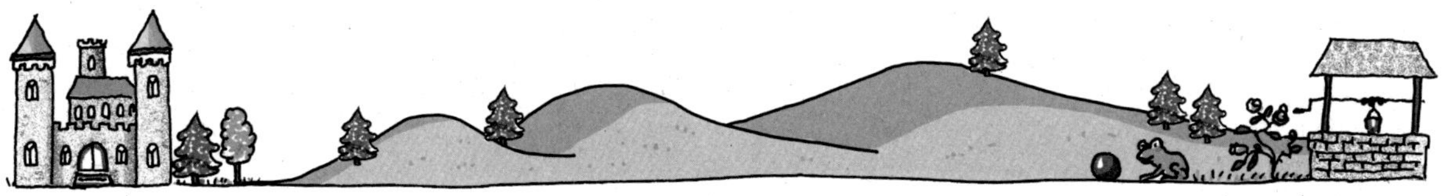

Zusatzaufgaben

Aufgabe: Trage die fehlenden Wörter der Sätze in das Kreuzworträtsel ein.
Die Wörter aus dem grauen Kasten helfen dir dabei.

waagerecht →	**senkrecht ↓**
1. Der Prinz will eine richtige … heiraten.	7. Unter die Matratzen legt die Königin eine …
2. Der Prinz reist um die ganze …, aber er findet nicht die passende Frau.	8. Die Prinzessin kann die ganze Nacht nicht richtig …
3. Eines Nachts zieht ein starkes … am Himmel auf.	9. Dann weiß der …, dass es sich um eine richtige Prinzessin handelt.
4. Vor dem Tor steht eine Frau mit nassen ...	10. Am Ende gibt es eine große …
5. Der Prinz lädt die Frau in sein … ein.	
6. Die Königin lässt 20 … bringen.	

Erbse · Gewitter · Prinz · Matratzen · schlafen · Haaren · Hochzeit · Welt · Prinzessin · Schloss

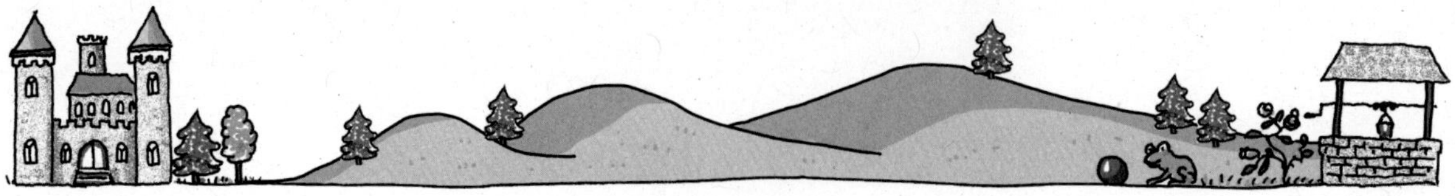

Lösung

1 · 3 · 6 · 5 · 2 · 11 · 4 · 12 ·
9 · 7 · 10 · 8

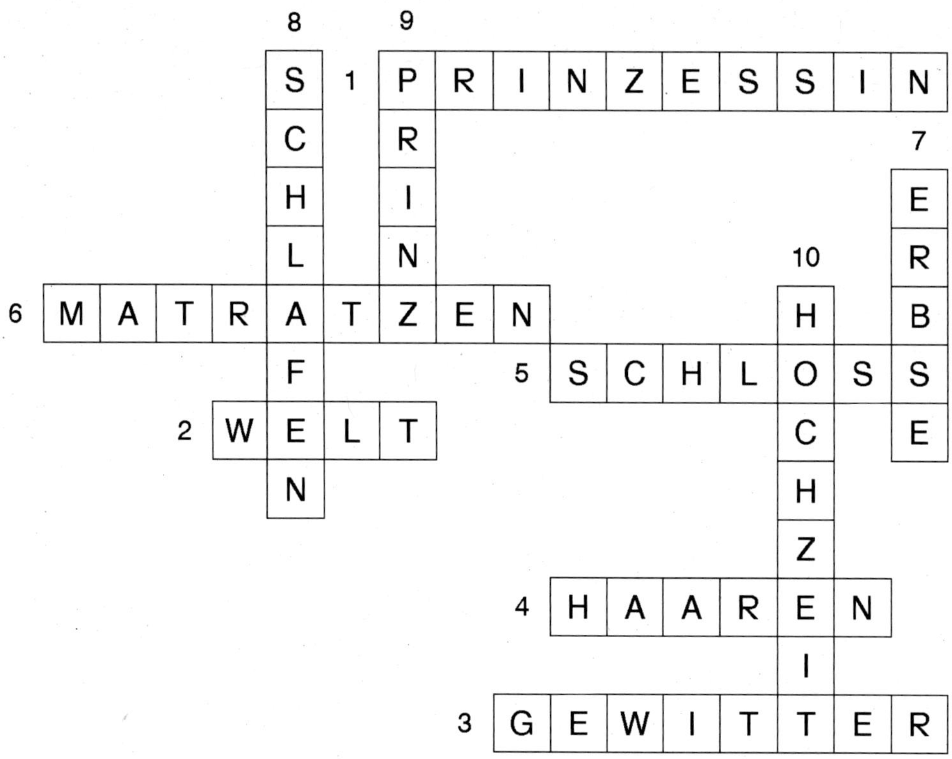

interaktive PDFs →

Lernbiene®

Lesespurlandkarte

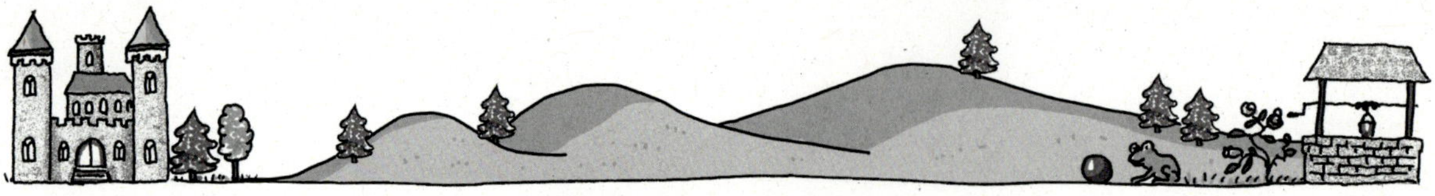

Wortspeicher

	die Wiege		das Baby
	das Ehepaar		das Geschirr
	der Brief		die Fee
	der Hut		der Zauberstab

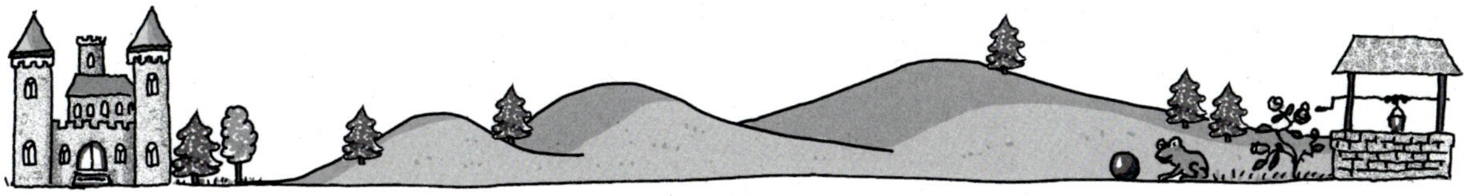

Wortspeicher

	das Schloss	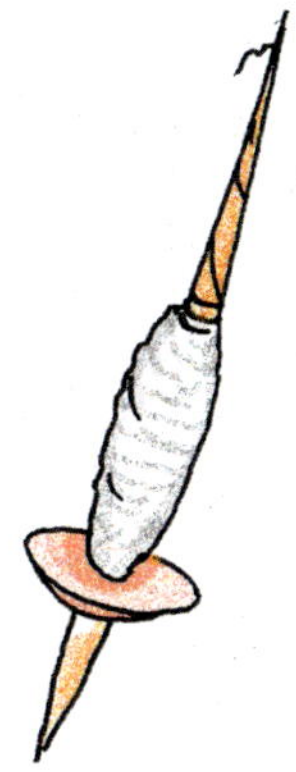	die Spindel
	das Bett		der Prinz
	die Hecke		die Dornen
	die Rose		die Kirche

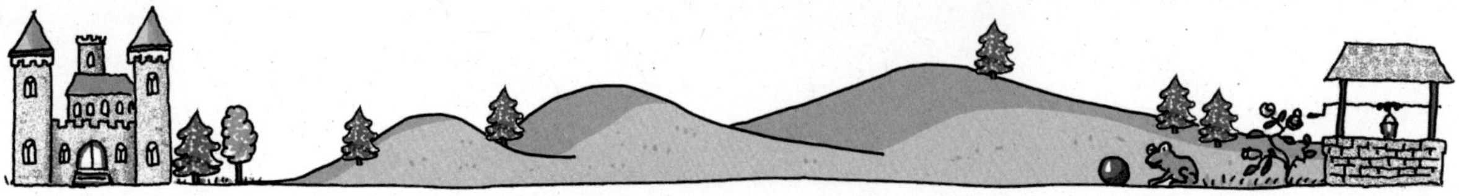

Dornröschen

Lies und schreibe die Zahlen auf.

das verliebte Ehepaar	1
die kleine Wiege	
der nette Brief	
die böse Fee	
der krumme Hut	
der magische Zauberstab	
das schöne Schloss	
die spitze Spindel	
das weiche Bett	
die hohe Hecke	
der mutige Prinz	
die große Kirche	

Meine Lesespur:

1											

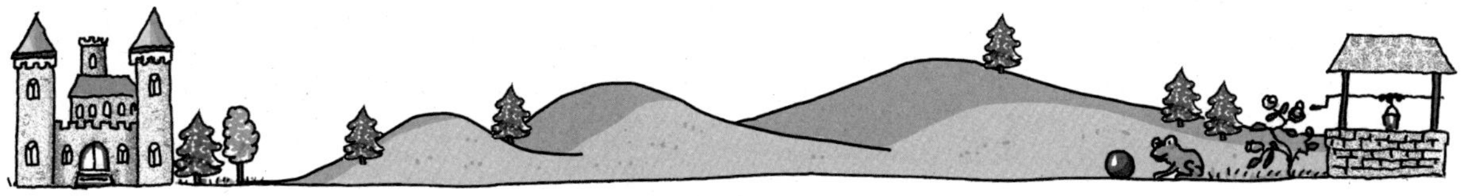

Dornröschen

Lies und schreibe die Zahlen auf.
Beginne bei Nummer 1.

Es waren einmal eine Königin und ein König.

(1) Das Paar wünschte sich sehr ein eigenes Kind.
Dafür ließ der König eine kleine Wiege bauen.

(2) Das Mädchen war allein im Schloss.
Es war ihr 15. Geburtstag.
Da fand die junge Prinzessin eine Spindel.

(3) Die liebe Fee schwang den Zauberstab und sprach:
„Du sollst nicht sterben, sondern 100 Jahre schlafen."
Lange Zeit passierte nichts in dem großen Schloss.
Doch eines Tages ging das Mädchen im Schloss umher.

(4) Die 13. Fee war sauer und kam trotzdem zum Fest.
Sie legte einen bösen Fluch über das Baby und sprach:
„An deinem 15. Geburtstag sollst du tot umfallen."
Das konnte sie nur mit ihrem krummen Hut tun.

(5) Die Hecke war hoch und hatte spitze Dornen.
So gelang es niemandem, die Prinzessin zu retten.
Da kam ein Prinz, der über die Hecke klettern wollte.

(6) In der Kirche heirateten der Prinz und die Prinzessin.
Sie lebten glücklich bis an ihr Lebensende zusammen.

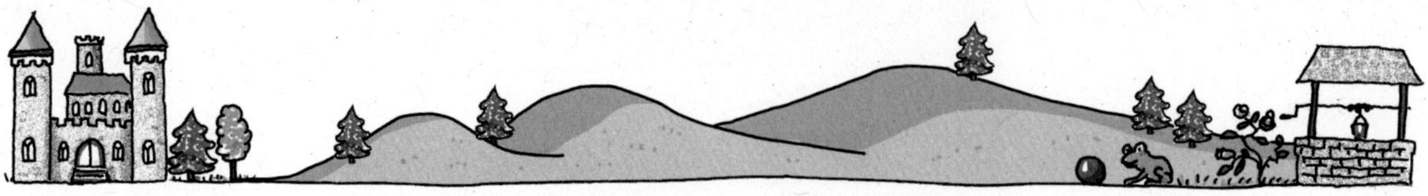

(7) Doch da verwandelten sich die Dornen in Blumen.
So gelang der Prinz durch die Hecke.
Er fand das Mädchen und küsste sie wach.
Ein Jahr später standen beide vor einer Kirche.

(8) Endlich bekamen sie ein Mädchen.
Das konnte nun in der Wiege schlafen.
Fröhlich schickte der König einen Brief an sein Volk.

(9) Das Mädchen schlief und schlief.
Um das Schloss wuchs mit der Zeit eine hohe Hecke.

(10) Der Brief war eine Einladung zu einem großen Fest.
Das Paar wollte die Geburt ihrer Tochter feiern.
Sie luden 12 Feen ein.
Für die 13. Fee hatten sie leider kein Geschirr mehr.

(11) Die Spindel war spitz und das Mädchen stach sich.
Plötzlich fiel sie in einen tiefen Schlaf in ihrem Bett.

(12) So schickte der Hut den Fluch über das Mädchen.
Da erschraken alle.
Der Fluch konnte nicht rückgängig gemacht werden.
Doch eine gute Fee zog ihren Zauberstab hervor.

Meine Lesespur:

1											

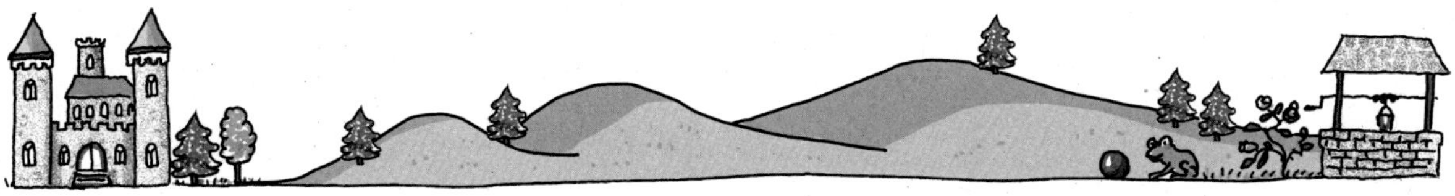

Dornröschen

Lies und schreibe die Zahlen auf. Beginne bei Nummer 1.

Es waren einmal eine Königin und ein König.

1 Das Königspaar wünschte sich von ganzem Herzen ein Baby. Voller Hoffnung ließ der König eine kleine Wiege aus Holz bauen. Die Königin befahl, eine Decke für die Wiege zu nähen.

2 Das Mädchen war allein im Schloss, ihre Eltern waren nicht da. Es war ihr 15. Geburtstag. Oben in der Dachkammer traf sie auf eine alte Frau, die mit einer Spindel an einem Webrahmen saß. Das Mädchen war begeistert von der Spindel.

3 Die liebe Fee schwang ihren Zauberstab und sprach: „Du sollst nicht sterben, sondern stattdessen 100 Jahre schlafen."
So kehrte für viele Jahre Ruhe im Schloss ein. Doch eines Tages ging die junge Prinzessin im Schloss umher.

4 „So eine Frechheit!", dachte die 13. Fee. Sie war sauer und beschloss, trotzdem zum Fest zu kommen. Sie legte einen bösen Fluch über das Baby und sprach: „An deinem 15. Geburtstag sollst du tot umfallen!" Diesen Fluch konnte sie nur wegen ihres bösen und krummen Huts schicken.

5 Die Hecke war so hoch und hatte so viele spitze Dornen, dass niemand jemals zur Prinzessin gelangte. Doch eines Tages kam ein mutiger Prinz. Der Prinz wollte über die Hecke klettern.

6 In der Kirche heirateten der Prinz und die Prinzessin, denn sie verliebten sich sofort ineinander. Glücklich und zufrieden gingen sie von nun an zusammen durch das Leben.

Lernbiene®

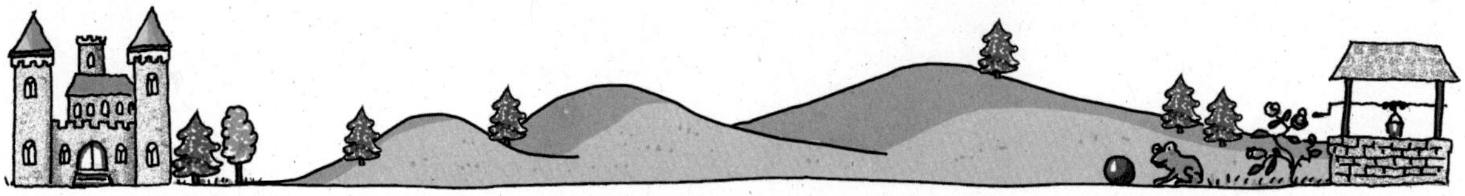

7 Doch als der Prinz zur Hecke kam, verwandelten sich alle spitzen Dornen in Blumen. So konnte der Prinz ohne Probleme durch die Hecke hindurch. Als er die Prinzessin fand, küsste er sie. Das Mädchen und alle anderen im Schloss wachten auf. Ein Jahr später versammelten sich alle in einer großen Kirche.

8 Endlich bekamen sie ein Mädchen, das nun in der Wiege schlafen konnte. Das Ehepaar war sehr glücklich. Fröhlich schickten sie Briefe an das ganze Land heraus.

9 Das Mädchen schlief und schlief. Auch die Königin, der König und alle anderen im Schloss waren eingeschlafen. 100 Jahre vergingen. Um das Schloss war eine dichte Hecke meterhoch gewachsen.

10 Die Briefe waren Einladungen zu einem großen Fest. Die Königin und der König wollten die Geburt ihrer Tochter feiern. Dafür wollten sie auch die guten Feen einladen, die dem Mädchen gute Wünsche aussprechen konnten. 12 Feen luden sie ein. Für die 13. Fee hatten sie leider kein Geschirr mehr.

11 Die Spindel war spitz und das Mädchen stach sich daran. „Aua, mein Finger!“, rief die Prinzessin. Doch da begann der Fluch von damals zu wirken und sie fiel in einen tiefen Schlaf. Auf einmal lag sie in ihrem Bett.

12 Der böse Fluch versetzte alle in Angst. Die Eltern des Mädchens weinten bitterlich. Der Fluch konnte nicht rückgängig gemacht werden. Doch eine gute Fee zückte ihren Zauberstab.

Meine Lesespur:

1

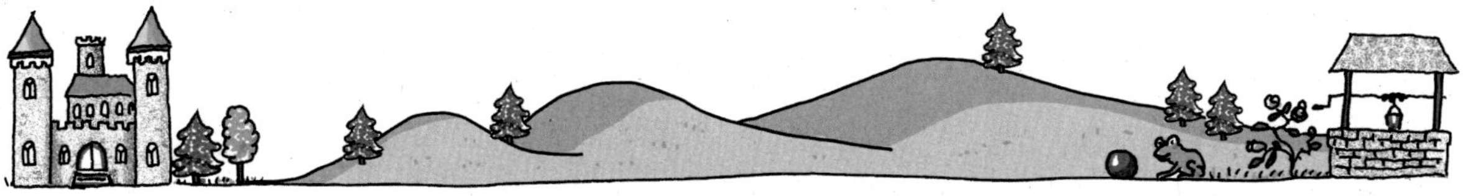

Zusatzaufgaben

1. Welche Wörter haben sich in den Blumen versteckt?
   Schreibe sie mit ihrem Begleiter (der, die, das) auf.

____

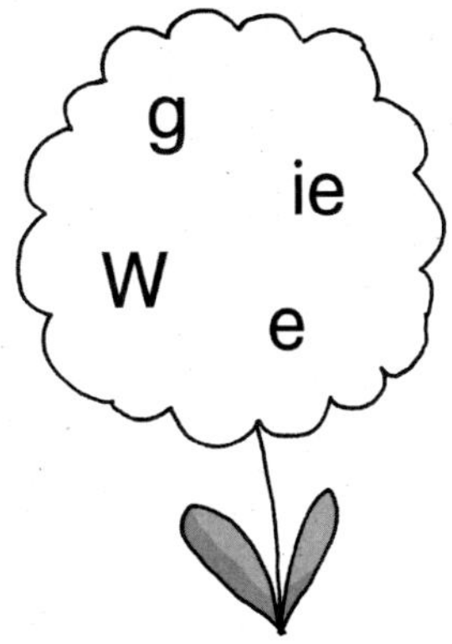

____

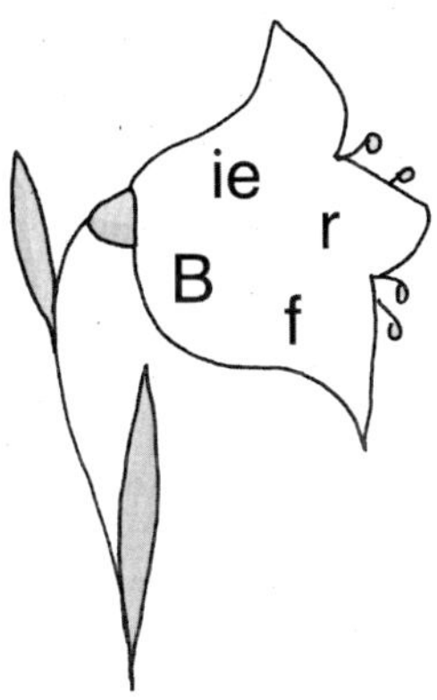

____

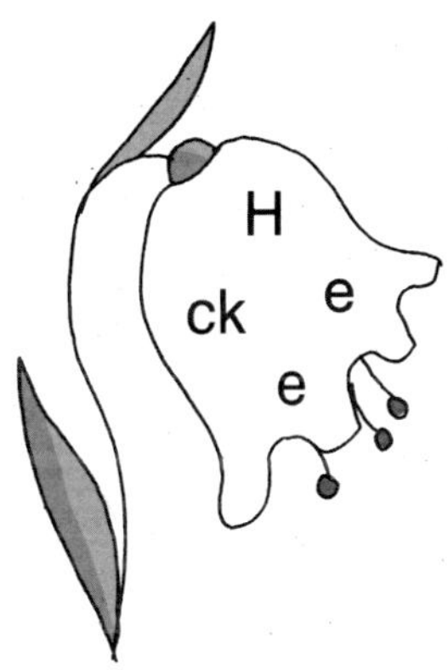

____

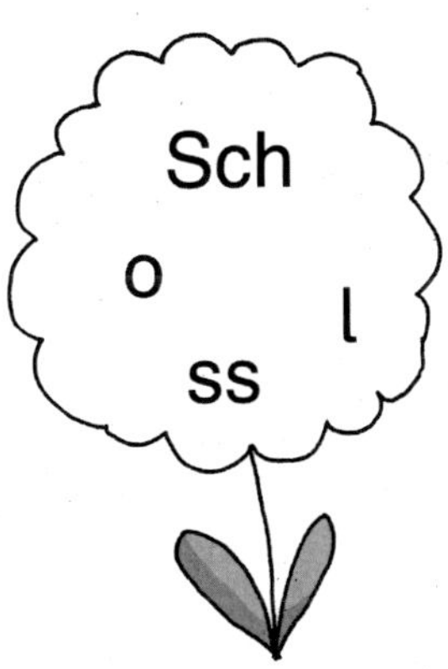

____

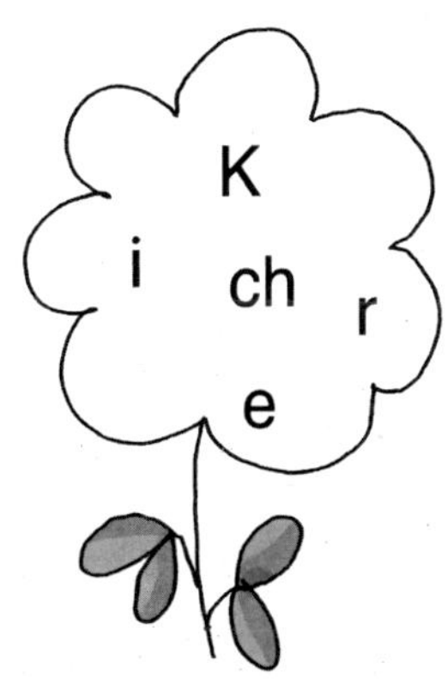

____

Lernbiene®

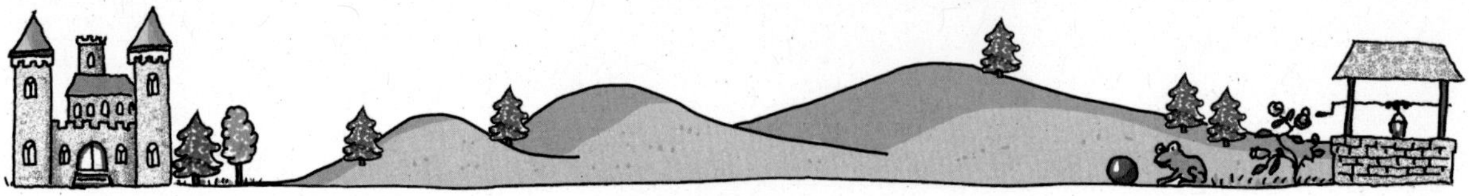

Lösung

1 · 8 · 10 · 4 · 12 · 3 · 2 · 11 ·
9 · 5 · 7 · 6

die Spindel

die Wiege

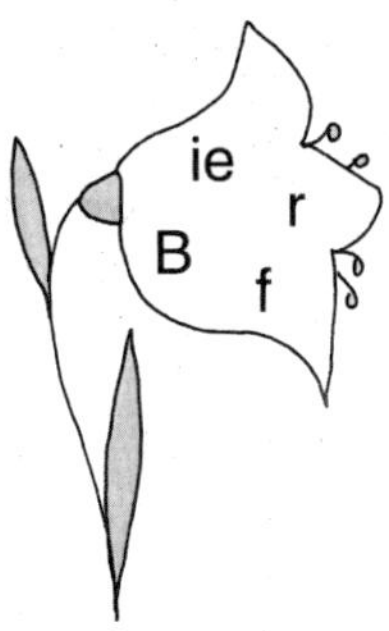

der Brief

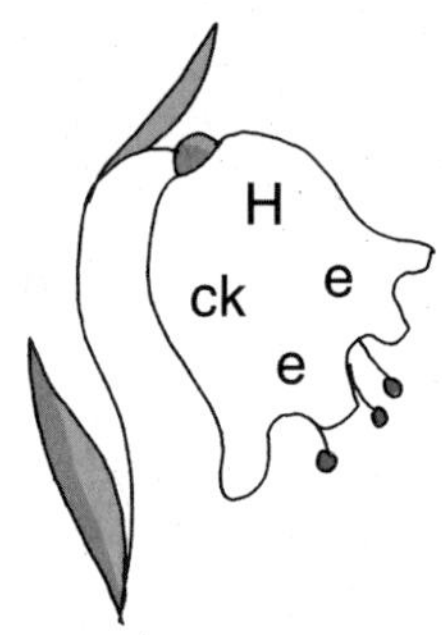

die Hecke

das Schloss

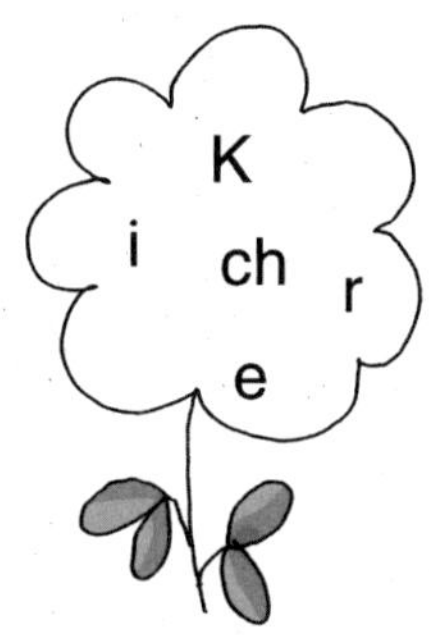

die Kirche

interaktive PDFs →

Lesespurlandkarte

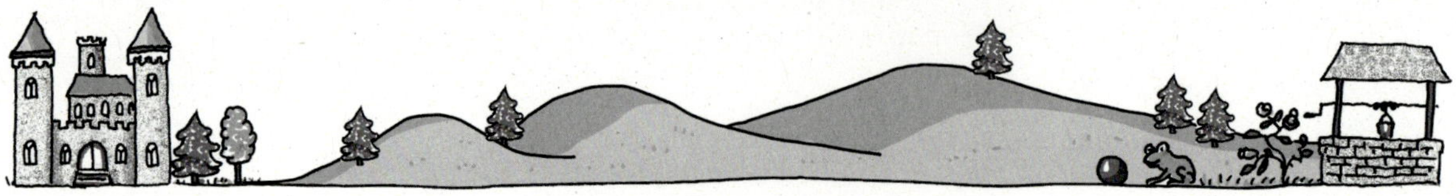

Wortspeicher

	der Tannenbaum		die Geschenke
	das Mädchen		der Nussknacker
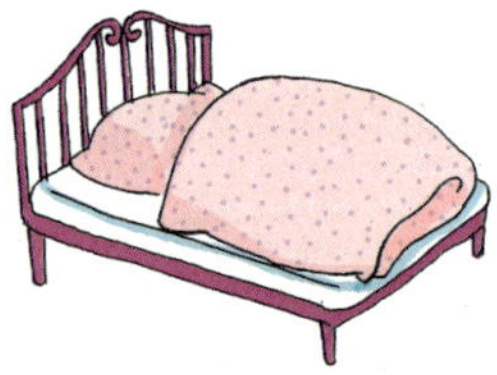	das Bett		der Mausekönig
	der Schuh		der Schrank

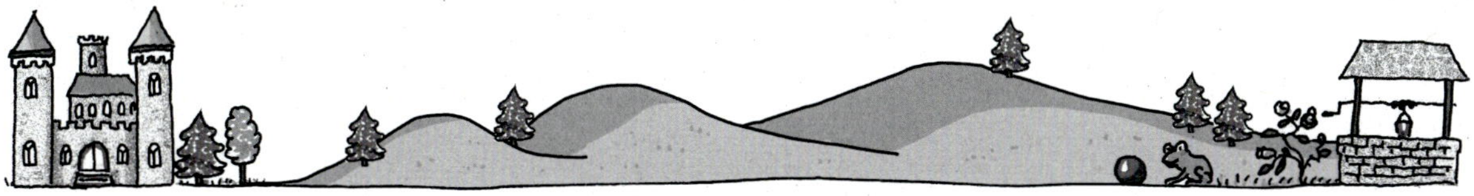

Wortspeicher

	der Onkel		der Prinz
	das Schwert		die Mäuse
	die Nuss		die Bonbons
	das Buch		die Krone

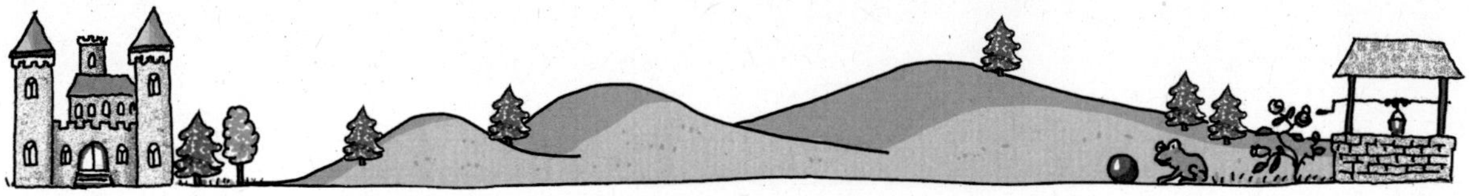

Nussknacker und Mausekönig

Lies und schreibe die Zahlen auf.

der schöne Tannenbaum	1
die tollen Geschenke	
der alte Nussknacker	
das weiche Bett	
der böse Mausekönig	
der harte Schuh	
der hohe Schrank	
der nette Onkel	
der liebe Prinz	
das neue Buch	
das scharfe Schwert	
die süßen Bonbons	

Meine Lesespur:

1											

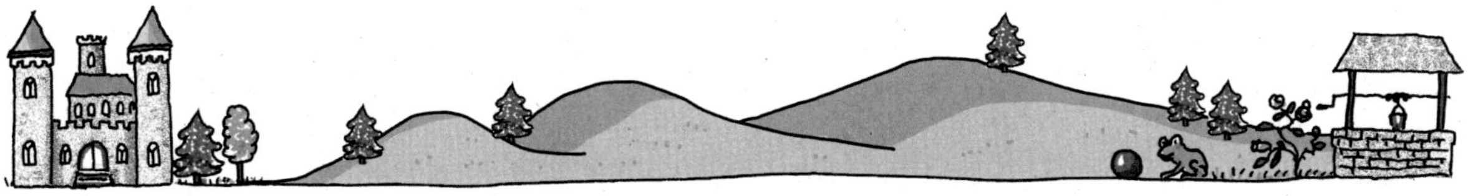

Nussknacker und Mausekönig

Lies und schreibe die Zahlen auf.
Beginne bei Nummer 1.

Die Familie von Marie feierte Weihnachten.
Der Tannenbaum war schön geschmückt.

(1) Am Abend war die große Bescherung.
Für Marie und ihren Bruder Fritz gab es Geschenke.

(2) Nachts kam der Mausekönig wieder.
Er machte Maries Sachen kaputt.
Bösartig riss er Seiten aus Maries neuem Buch.

(3) Marie bekam einen alten Nussknacker.
Er war nicht besonders hübsch.

(4) Marie war begeistert von dieser Welt.
Sie wurde nun die Königin von Zuckerland.
Der Prinz und Marie wurden dort sehr glücklich.

(5) Marie wunderte sich: „Habe ich das alles geträumt?"
Da kam ihr Onkel zu Besuch.

(6) Der Nussknacker besiegte den Mausekönig mit dem Schwert und verwandelte sich zurück in den Prinzen.
Er nahm Maries Hand und führte sie in seine Welt.
Es war das Zuckerland, wo es viele Bonbons gab.

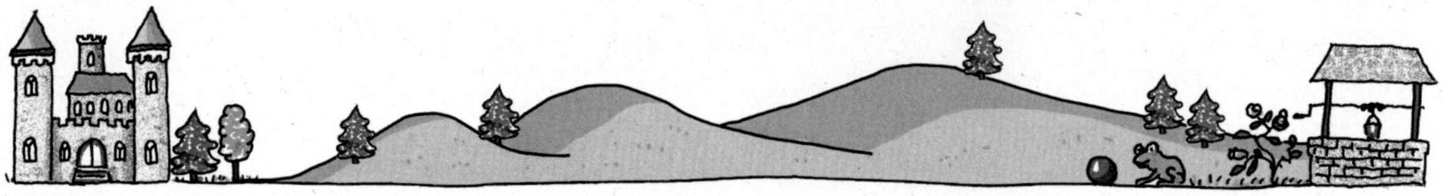

7 Da wurde Marie von Geräuschen geweckt.
Es waren Mäuse.
Ihr Anführer war der böse Mausekönig.

8 Marie weinte und rief: „Lass mein Buch!“
Auf einmal eilte ihr der Nussknacker zu Hilfe.
Der Nussknacker und der Mausekönig stritten heftig.
Marie holte ein Schwert und gab es dem Nussknacker.

9 Die Mäuse kämpften gegen den Nussknacker.
Marie wollte dem Nussknacker helfen.
Da warf sie ihren linken Schuh auf den Mausekönig.

10 Der Onkel erzählte Marie eine Geschichte:
„Die böse Mutter des Mausekönigs verwandelte vor langer Zeit einen Prinzen in einen Nussknacker.“
Marie wusste: Ihr Nussknacker war früher ein Prinz!

11 Der Schuh traf den Mausekönig und dieser erschrak.
Er und die anderen Mäuse zogen sich wieder zurück.
Am Morgen wachte Marie vor dem Schrank auf.

12 Doch Marie freute sich sehr über den Nussknacker.
Als es spät wurde, ging Marie in ihr Bett und schlief.

Meine Lesespur:

1

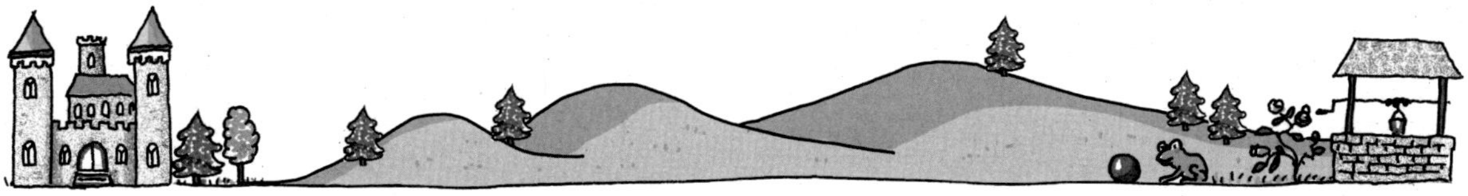

Nussknacker und Mausekönig

Lies und schreibe die Zahlen auf. Beginne bei Nummer 1.

Es war Weihnachten. Draußen schneite es und in den Häusern duftete es nach Plätzchen. Auf dem Tannenbaum brannten die Kerzen und die Kugeln glänzten. Marie saß mit ihrer Familie im Wohnzimmer.

1 Alles war festlich geschmückt. Marie und ihr Bruder Fritz konnten die Bescherung kaum erwarten. Sie bekamen viele Geschenke.

2 Marie wusste nun: „Ich habe das nicht geträumt! Es gibt den Mausekönig wirklich und ich muss dem Nussknacker helfen!" Als der Mausekönig nachts wieder kam, machte er Maries Sachen kaputt. Bösartig riss er Seiten aus Maries neuem Buch.

3 Die Geschwister freuten sich riesig über die tollen Geschenke. Fritz bekam ein neues Schwert und Marie einen alten Nussknacker aus Holz. Er war nicht besonders hübsch.

4 Marie war begeistert von dieser Welt. Sie wurde zur Königin von Zuckerland und lebte dort glücklich mit ihrem Prinzen.

5 Marie lag verdutzt vor dem Schrank und fragte sich: „Habe ich das alles nur geträumt?" Ihre Eltern machten sich große Sorgen. Sie glaubten, dass Marie Fieber hat und wirre Dinge träumt. Nachmittags kam Maries Onkel zu Besuch.

6 Mithilfe des Schwerts gelang es dem Nussknacker, den Mausekönig zu besiegen. Sogleich verwandelte er sich zurück in den Prinzen und bedankte sich bei Marie für ihre Hilfe. Dann nahm er ihre Hand und führte sie in seine Welt. Es war das Zuckerland, wo es viele Bonbons gab.

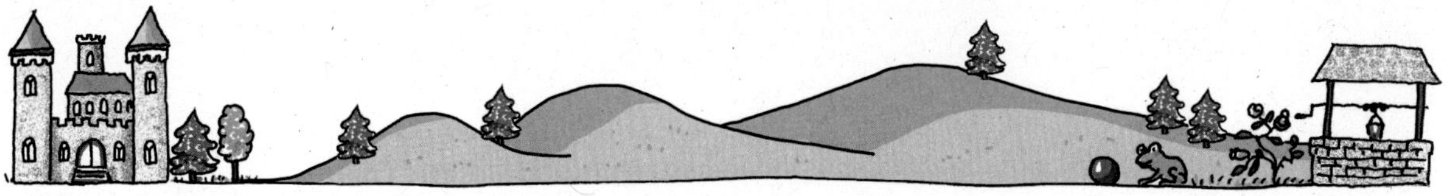

(7) Marie schlummerte in ihrem Bett. Mitten in der Nacht wurde sie plötzlich von Geräuschen geweckt. Marie stand auf und folgte den Geräuschen ins Wohnzimmer. Dort sah sie viele Mäuse, die flink umherliefen. Ihr Anführer war der böse Mausekönig.

(8) Marie weinte und rief: „Lass mein Buch in Ruhe!“ Da eilte der Nussknacker zu Hilfe. Der Mausekönig und der Nussknacker stritten heftig. Da holte Marie das Schwert ihres Bruders.

(9) Die Mäuse kämpften gegen den Nussknacker. Dieser war wie durch ein Wunder zum Leben erwacht! Marie traute kaum ihren Augen. Doch sie musste dem Nussknacker helfen! Also zog sie ihren Schuh aus und warf ihn nach dem Mausekönig.

(10) Der Onkel begann zu erzählen: „Es war einmal eine schöne Prinzessin. Sie wurde von der Mutter eines Mausekönigs in ein hässliches Wesen verwandelt. Ein Prinz konnte sie von dem Fluch befreien. Doch dann wurde er in einen Nussknacker verwandelt.“ Also war der Nussknacker früher ein Prinz!

(11) Der Schuh traf den Mausekönig am Hinterkopf und er erschrak. So zogen er und die anderen Mäuse sich wieder zurück. Marie war so erschöpft, dass sie einschlief. Am nächsten Morgen wachte sie vor dem Schrank im Wohnzimmer auf.

(12) Doch Marie freute sich trotzdem über den Nussknacker. Sie spielte bis spät abends mit ihrem Nussknacker, bis sie schließlich müde wurde. Also ging Marie in ihr Bett.

Meine Lesespur:

(1) ( ) ( ) ( ) ( ) ( ) ( ) ( ) ( ) ( ) ( ) ( )

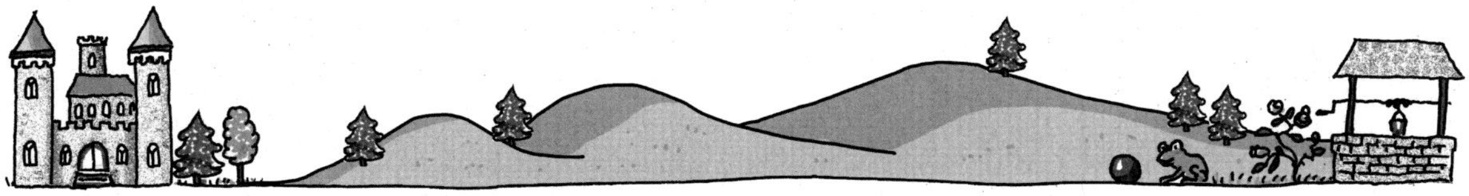

Zusatzaufgaben

1. Lies selbst oder lass dir vorlesen.
   Male den Nussknacker und den Mausekönig richtig an.

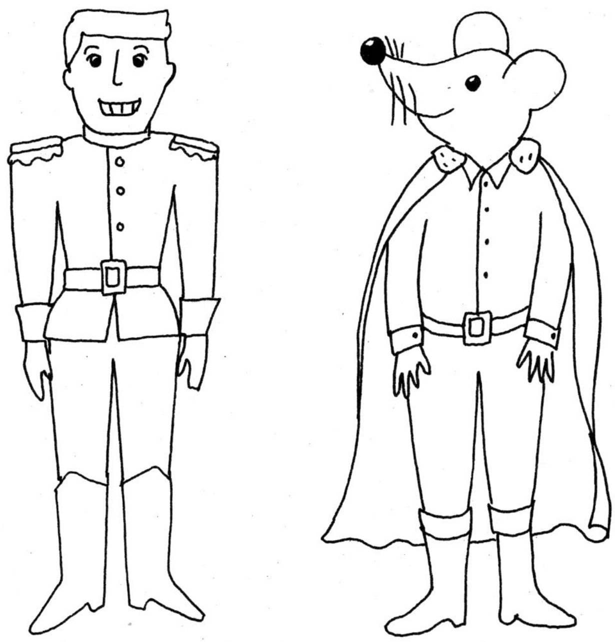

Der **Nussknacker** hat schwarze Stiefel.
Er trägt eine rote Jacke mit schwarzem Gürtel.
Die Hose ist grün.
Er hat einen langen Bart.
Auf dem Kopf trägt er einen schwarzen Hut.

Der **Mausekönig** hat graues Fell.
Sein Hemd und seine Hose sind grün.
Sein Umhang und seine Stiefel sind rot.
Auf dem Kopf trägt er eine goldene Krone.

2. Suche dir ein Partnerkind. Vergleicht eure Bilder.
   Habt ihr alles richtig gemalt?

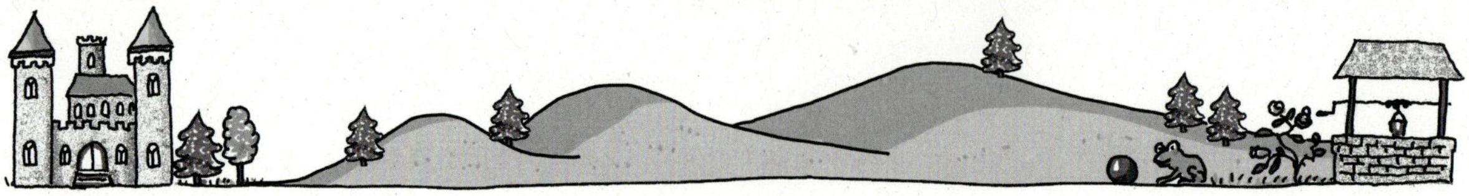

Lösung

1 · 3 · 12 · 7 · 9 · 11 · 5 · 10 ·
2 · 8 · 6 · 4

interaktive PDFs →